Les femmes qui se comportent bien marquent rarement l'histoire
une aventure chamanique en forêt amazonienne

Tome 1

Marushka Tziroulnikoff

Les femmes qui se comportent bien marquent rarement l'histoire
une aventure chamanique en forêt amazonienne

Tome 1

© Marushka Tziroulnikoff & Wynn Sigel Ltd
Isle of Wight
www.wynn-sigel.com

Tous droits de traduction, adaptation et reproduction
réservés pour tous pays.

Crédit photo : pexels.com

Graphisme : Wynn Sigel Ltd

Édition : BoD – Books on Demand
12/14 Rond-point des Champs-Élysées, 75008 Paris

Impression : BoD – Books on Demand, Norderstedt, Allemagne

ISBN 978-2-32225-535-1

Dépôt légal : Novembre 2020

AVERTISSEMENT

Toutes les personnes et tous les lieux évoqués dans ce livre existent réellement. Il ne s'agit pas d'une fiction, mais bel et bien d'une expérience vécue par l'auteure. Les noms des personnes et certains noms de lieux ont toutefois été modifiés afin de respecter au mieux la vie privée de tous.

Nous rappelons que l'usage et la consommation de plantes et de substances psychotropes peuvent s'avérer dangereux et constituent un délit selon la législation en vigueur dans de nombreux pays.

Le contenu de ce livre est le résultat de la vision, des réflexions et de l'expérience de son auteur. Si l'auteur est responsable de ce qu'elle écrit, elle n'est pas responsable de la façon donc vous interpréterez son texte. Veillez donc à toujours faire appel à votre propre discernement.

Parce que même si on le sait, c'est toujours bien de se le rappeler : un livre n'est pas que le fruit d'une seule personne. Il y a l'auteur certes, mais il y a aussi les relecteurs, les correcteurs, les illustrateurs, les graphistes, les imprimeurs et les éditeurs, mais aussi les diffuseurs et les distributeurs, quels qu'ils soient. Avant eux, il y a toutes celles et tous ceux qui font le monde, qui sont le monde et qui sont source d'inspiration. Après eux, il y a vous, les lecteurs, vous qui allez donner au livre son existence propre en le nourrissant de votre imaginaire. Le succès n'est pas uniquement le résultat d'un bon livre bien écrit. Le succès, nous y contribuons tous.

Parce que nous avons des compétences différentes et complémentaires et parce que nous avons tous notre place dans cette réalité – et dans les autres – je vous dis :

MERCI

La maîtrise peut être obtenue en laissant les choses
suivre leur propre voie,
elle ne peut l'être en interférant.

Lao Tseu

Parce qu'il y a un début à tout

2011 – la vie est incroyablement magique ! Elle nous propose à chaque instant de rencontrer les bonnes personnes et de vivre les bonnes expériences. Non pas ce qui nous est systématiquement agréable, mais plutôt ce qui est nécessaire pour apprendre, grandir et donc, évoluer.

J'ai toujours entendu dire que j'étais née différente. J'ai toujours entendu dire que j'étais trop sensible, trop émotive, trop réceptive, trop empathique, trop douce, trop naïve, trop ceci et trop cela. Mais au fait, être différente, qu'est-ce que cela peut bien vouloir dire ? Pour faire bref, je vous dirais que j'ai la capacité de voir et de reconnaître la cause des malaises, des maladies et des douleurs des êtres que je rencontre et en plus, j'ai également la capacité d'interférer auprès de ces êtres afin de dénouer tous les blocages qui empêchent la libre circulation de l'énergie de vie en eux. Je n'ai pas besoin de pratiquer une rituélie quelconque ou de suivre un protocole particulier, je n'ai pas besoin de prendre de substances psychotropes et je n'ai pas besoin de me faire accompagner par des professionnels des états modifiés de conscience pour accéder au subconscient, à l'invisible. Chez moi, cela se fait naturellement et alors que la majorité des personnes cherchent aujourd'hui à s'ouvrir aux autres dimensions moi, de mon côté, j'apprends à poser des limites afin de ne pas me laisser systématiquement envahir par tout ce qui se manifeste tout le temps dans cette dimension et dans les autres.

J'ai longtemps renié cette capacité, ce don que je considère bien plus comme un fardeau que comme un cadeau. Pourquoi ? Et bien parce que ça me fait mal et que je n'aime pas souffrir. Cela vous étonne ? Je m'obstine encore à vouloir être comme la plupart des humains qui m'entourent croyant – peut-être naïvement – qu'ils sont plus heureux que je ne le suis. Pourtant c'est un fait, je suis née telle que je suis et je ne sais pas trop quoi faire de ce don.

Naître avec une telle capacité n'est pas une sinécure. Alors que vous vaquez à vos occupations quotidiennes, alors que vous vous endormez paisiblement, je suis toujours en éveil, perméable aux énergies qui se manifestent. Je ressens tout et je capte tout, bien malgré moi. Je ressens le pire comme le meilleur. Nous nous croisons dans la rue, nous ne nous parlons pas, nous ne nous connaissons pas, vous ne me voyez certainement pas et pourtant, je sais tout de vous. Si vous souffrez – et nous souffrons tous de quelque chose aussi infime que soit cette chose – je prendrai votre souffrance. Pourquoi ? Parce que je suis comme je suis et que l'un de mes attributs – comme je vous l'ai dit plus haut – est de défaire les nœuds qui bloquent le passage de l'énergie de vie. Alors, bien malgré moi, j'absorbe cette énergie sombre qui pollue votre vie et en moi, je la transforme. Oh n'ayez aucune crainte, je m'interdis formellement de pénétrer comme une intruse dans votre intimité sans votre autorisation. Je dirais plutôt que c'est vous qui êtes en demande, constamment, et surtout, très inconsciemment. Nous sommes tous à la fois émetteurs et récepteurs, tous autant que nous sommes, humains, animaux, végétaux, minéraux et par conséquent les lieux et les situations le sont aussi. Je dirais donc que, dans un premier temps, je suis un méga récepteur – vous savez un peu comme les radiotélescopes super puissants du programme SETI qui tentent de capter d'éventuels signaux venant des profondeurs de l'univers – tandis que vous êtes un méga émetteur. Puis une fois que je reçois l'info – c'est plus que rapide, c'est instantané – j'envoie ce qui doit être fait dans l'instant et je deviens le méga émetteur tandis que vous, vous devenez le méga récepteur. Ça marche à tous les coups et les résultats sont immédiats. Alors me direz-vous, pourquoi donc certaines personnes vont-elles guérir et pas les autres ? Et bien, tout cela va dépendre de vous et de votre capacité d'ouverture.

Comprenons-nous bien, je ne suis pas une guérisseuse. Le guérisseur, c'est vous. Moi, je ne suis qu'un canal qui concentre l'énergie avant de vous l'envoyer. Je vous dévoile un secret : vous fonctionnez exactement comme moi. Nous fonctionnons tous de la même façon et la seule différence entre vous et moi, c'est que moi j'en ai conscience, tout le temps et franchement, je trouve que cela me complique vachement la vie. Il est très facile de prodiguer des soins et de constater une guérison lorsqu'il s'agit d'animaux, de végétaux et de minéraux ou encore de lieux. Cela devient déjà moins évident lorsqu'il s'agit de situations et cela se corse encore avec les humains. Et pourquoi donc me direz-vous ? Et bien parce que les humains expérimentent un truc inhérent à leur nature, un truc dont ils sont très fiers et qui les fait se sentir supérieurs à toute la Création. Ce truc, c'est le mental. Le mental est rempli de croyances qui s'opposent les unes aux autres et qui forment alors une épaisse barrière bloquant ainsi l'accès à la profondeur la plus abyssale du subconscient que je nomme l'Âme. C'est à la mode aujourd'hui de méditer pour traverser le mental ou de se faire coacher pour affirmer encore et encore un paquet de pensées positives de bonheur, de succès et de réussite. Mais alors, pourquoi donc tant de personnes sont-elles toujours en plein désarroi face à une vie qui ne les satisfait toujours pas ? La réponse est dans le mental et uniquement dans le mental. Vous voulez que je développe ? Accrochez-vous alors parce que développer, c'est aussi un de mes trucs et je vais parfois si loin que je risquerais de vous perdre. Mais soyez sans crainte, car si vous vous perdez, je vous retrouverai, toujours, où que vous soyez.

Selon ma perception, le mental est le principe Masculin en nous tandis que le subconscient est le principe Féminin. Comprenez-moi bien : le principe Masculin n'est pas l'homme et le principe Féminin n'est pas la femme. Nous portons tous en nous ces deux principes, ces deux polarités et c'est ainsi que nous expérimentons la dualité. Il existe donc des hommes qui ont un accès naturel à leur subconscient et des femmes qui sont totalement dominées par leur sphère mentale et par conséquent fermées à tout le reste. Le rôle du Masculin est d'avoir l'idée et le rôle du Féminin est de manifester cette idée en la créant dans la matière. Mais si seulement c'était aussi simple... Car l'idée qui vient au Masculin, d'où vient-elle donc ? D'où vient l'inspiration à l'origine même de l'idée ? Pour schématiser, disons que l'idée vient d'une instance supérieure, d'une énergie qui est à l'origine de tout ce qui est manifesté et non manifesté. Et par quel miracle le Masculin peut-il avoir accès à cette énergie inspirante ? Par le subconscient donc le Féminin. Sans oublier que pour passer à l'acte, le Féminin a besoin d'utiliser son pôle Masculin. Vous êtes toujours là ? Pour terminer, j'aimerais simplement vous dire que le Masculin et le Féminin sont intrinsèquement liés et interdépendants et que le monde n'est pas binaire. Tout n'est pas blanc ou noir, il y a du Yin dans le Yang et du Yang dans le Yin. On continue ?

Depuis des millénaires, bon nombre de nos civilisations ont fait du Masculin le maître incontesté reléguant le Féminin à l'unique rôle de celle par qui le mal arrive. Le Masculin archaïque, avide d'avoir plutôt que d'être, a interprété les signes de telle façon à ce que ces signes le serve lui et il a alors écarté le pouvoir du Féminin en l'avilissant et en le punissant. Pourquoi ? Parce qu'il en avait peur, parce qu'il n'arrivait pas à percer le mystère de la Création dans lequel le Féminin tient le premier rôle.

Toutes les religions – je dis bien toutes, sans exception – fonctionnent sur ce même schéma : le christianisme, l'islam, le judaïsme, le bouddhisme et l'hindouisme – pour ne citer que les plus grandes et j'entends par grandes celles qui réunissent le plus grand nombre d'adeptes. Maintenant, je vous propose d'oser dépasser les ors et les belles paroles de chacune de ces religions et de chacun de leurs dogmes et de voir au-delà de l'illusion. Si vous vous en donnez la peine, si vous étudiez les textes sacrés et si vous arrivez à lire au-delà des lignes, vous constaterez aisément qu'il y a un fossé entre les messages des Écritures et leurs interprétations. Pourquoi donc croyez-vous que l'instruction a été – et est encore dans certains pays – presque exclusivement réservée aux hommes ?

Dans un monde parfait, le principe Masculin et le principe Féminin marcheraient main dans la main, égaux, et manifestant librement leurs compétences naturelles respectives. Avez-vous remarqué que derrière chaque grand homme il y a toujours une femme ? Nous ne pouvons vivre l'un sans l'autre, nous sommes complémentaires. Et figurez-vous qu'il existe une pratique ancestrale qui reconnaît la place et l'importance de chacun dans l'équilibre des forces, une pratique qui est à l'origine de toutes les religions et de toutes les médecines : le chamanisme. Bon, je vous l'accorde, le chamanisme est maintenant revenu à la mode. On compte un nombre incalculable de chamanes autoproclamés qui utilisent quelques techniques issues de pratiques ancestrales qui ont été adaptées à notre civilisation moderne. Ils utilisent aussi et surtout des techniques trouvant leur origine dans le mouvement New Age. Mais ne mettons pas tous les œufs dans le même panier s'il vous plaît et tentons de garder une partie de notre esprit ouvert, car il existe encore de par le monde des chamanes, de vrais chamanes. Je parle de ceux qui ne sont pas encore perdus, de ceux qui ne se sont pas encore laissé engloutir dans les gosiers assoiffés de quelques Occidentaux cherchant à donner un sens à leur vie à coup de potions magiques et autres substances qu'ils achètent à prix fort et pour quel résultat parfois ?

Dans toutes les sociétés traditionnelles – pour peu qu'il en existe encore – chaque individu pratique le chamanisme, mais cela ne fait pas de chaque individu un chamane. Au fait – et pour que nous nous comprenions bien – je me permets de vous faire savoir que j'utilise le terme chamane dans son sens le plus large afin de désigner toute personne qui est capable de voir au-delà de l'illusion et d'agir sur le manifesté tout autant que sur le non manifesté. Le chamane a également un autre rôle – et non des moindres – celui de mettre le désordre. De par sa capacité à traverser les couches les plus profondes du subconscient, le chamane finit par avoir accès à la vérité, au-delà de toutes les croyances aussi profondément enfouies qu'elles soient. Cela dérange beaucoup de monde et cela dérange le soi-disant ordre établi surtout lorsque le chamane ramène sa fraise et ose dire haut et fort ce que personne n'a envie d'entendre.

J'ai souvent entendu dire que j'étais une chamane, mais je reconnais que le terme me dérange un peu au vu de l'usage qui en est fait actuellement. Je reconnais aussi que j'ai une capacité innée à déranger mon entourage et j'ai donc appris très tôt à me taire et à œuvrer dans l'ombre. Non pas dans le but d'ourdir des complots inavouables ou de jeter des sorts, mais bel et bien pour éviter d'avoir des problèmes. Mais voilà, là où ça se complique, c'est lorsque des personnes viennent me voir et me demandent de leur révéler la vérité sur leur situation, qu'il s'agisse de leur santé, de leur état d'esprit, de leur évolution spirituelle, de leur vie amoureuse ou autre. Alors là, puisqu'on me le demande, j'ouvre grand ma bouche, je dis ce qui est et crac, les personnes ne sont pas heureuses de ce qu'elles entendent. Pourtant, je les préviens systématiquement :

– Je ne vais pas vous dire ce que vous souhaiteriez entendre. Je vais vous dire ce qu'il en est. Vous êtes certain d'être OK avec ça ?

Ben oui je suis comme ça. Directe, franche et intègre. Il m'est donc impossible de valider tacitement les mensonges que les personnes se font à elles-mêmes.

On dit encore des chamanes qu'ils sont plutôt solitaires et qu'ils vivent en marge de la société qu'ils servent. J'avoue cette fois que c'est complètement mon cas. La solitude est un besoin vital pour moi. D'une part, c'est dans la solitude que je peux retrouver le silence qui me permet de me reposer et de me ressourcer et d'autre part, viennent ensuite inévitablement les remises en question personnelles et le travail sur soi indispensables pour évoluer. Connais-toi toi-même.

Mais tandis que certains apprentis chamanes prennent du tabac, de l'ayahuasca, du peyotl, du psilocybe ou du LSD, que d'autres s'essayent aux diverses techniques méditatives à la mode, aux huttes de sudation, aux voyages au son du tambour ou à la danse transe pour vivre une ouverture de conscience moi, de mon côté, je fonctionne dans l'autre sens en tentant vainement de fermer ce canal constamment béant. Ben oui, je suis toujours open. Les limites et la structure font partie intégrante de l'expérience de l'incarnation et j'avoue que je ne supporte pas les limites. Normal pour une femme qui a la conscience que les seules limites qui existent sont celles qu'elle se crée par l'esprit, par la perception et la vision minimaliste qu'elle peut avoir de ce monde matérialisé lorsqu'elle refuse d'assumer qui elle est. Quel paradoxe ! Je cherche à me limiter pour ne plus rien capter alors même que je ne supporte pas les limites. Vous voyez à peu près où j'en suis ?

Les chamanes dérangent l'ordre établi. Ils disent franchement ce qui est, ils sont solitaires et capables de transgresser les limites. Et pour couronner le tout, ils ont aussi une fâcheuse tendance à défier toute forme d'autorité. Voilà pourquoi on les qualifie très souvent d'orgueilleux dont l'Ego serait surdimensionné. Imaginez maintenant ce qu'il en est lorsqu'il s'agit d'une femme ! Vous vous souvenez du sort que l'on réservait aux sorcières du Moyen-Âge ?

Comme je vous le disais, être chamane ne signifie pas simplement avoir de l'intuition ou de l'instinct.

Être chamane implique également et surtout d'avoir la conscience et la capacité d'agir sur le manifesté tout autant que sur le non manifesté. Sans cela un chamane ne serait pas chamane, il serait simplement qualifié de médium. Le lien à l'incarnation et à ses profondeurs est essentiel dans le chamanisme. C'est pour cette raison que depuis la nuit des temps, toutes les religions ont rejeté et condamné les chamanes en les accusant de pactiser avec le diable tout simplement parce qu'ils ont accès au caché, à l'obscur, au subconscient et plus loin encore, à la vérité !

Depuis que vous avez commencé la lecture de ce livre, vous vous dites peut-être que c'est chouette d'être chamane. «Oh quelle chance ! Elle peut tout savoir sur tout le monde, elle peut tout prévoir, tout prédire. La vie n'a plus aucun secret pour elle.» Mais comprenez-vous bien ce que cela signifie ? Il y a tant de personnes qui désirent devenir chamanes, mais avez-vous la moindre idée de ce que cela implique ? Comment être encore surpris et capable de s'extasier devant la vie lorsque l'on sait d'avance tout ce qu'il va se passer ? Allez, je vous donne quelques exemples.

Je marche dans la rue, le soleil brille et je suis en agréable compagnie. Sur le trottoir d'en face, une fillette d'une dizaine d'années chemine en tenant la main de sa mère. L'enfant est jolie, mais un cancer ronge son foie. Je ne fais pas que voir la masse sombre, je la ressens, je la vis dans mon propre foie. C'est ainsi que je sens et que je sais. Que faire ? Imaginez la scène, mettez-vous à ma place. Que feriez-vous ? Est-ce que vous traverseriez la rue pour aborder cette enfant et sa mère ? Et pour leur dire quoi ou pour faire quoi ? OK, j'en entends déjà certains parmi vous qui se disent peut-être qu'une douleur à mon propre foie a engendré la pensée que cette fillette avait un cancer. Je vous donne donc un autre exemple.

J'accompagne une femme pour un séjour chamanique dans la nature. À la fin de ce séjour, nous rencontrons toutes deux le propriétaire du terrain sur lequel nous avions planté nos tentes. Nous connaissant assez bien lui et moi, il me donne des nouvelles de ses enfants et plus particulièrement de sa fille aînée.

Tout de go je lui dis :

– Tu vas voir, ta fille va t'annoncer qu'elle est enceinte, qu'elle va débarquer ici avec son mec et tu n'auras plus qu'à t'occuper de tout le monde.

Sur ce, l'homme me répond :

– Arrête de dire n'importe quoi la chamane ! Avec ta puissance tu vas finir par provoquer ce que tu viens de dire. Je veux bien qu'elle soit enceinte, mais je ne veux pas qu'ils débarquent ici pour que je m'occupe d'eux.

Nous en restons là. Le lendemain, moins de vingt-quatre heures après notre échange, mon portable sonne.

– Merde la chamane ! Tu avais raison ! Je viens d'avoir ma fille au téléphone et elle nous a annoncé qu'elle était enceinte.

— Oh grande nouvelle, réponds-je en souriant. Elle est sûre d'être enceinte ou c'est juste un retard de règles ?

— Elle est bien enceinte, elle sortait du labo d'analyses de sang quand elle m'a téléphoné.

— Alors papy, heureux ? Tu m'as dit hier que j'allais provoquer l'événement, mais sauf erreur de ma part pour que la prise de sang soit positive, il faut que ta fille soit enceinte de plus de vingt-quatre heures. Non ?

— Ouais, tu as raison, me dit mon interlocuteur. Il faudra vraiment un jour que tu me dises comment tu fais.

Exemple plutôt sympa. Une grossesse est une meilleure nouvelle qu'un cancer, pas vrai ? Des exemples comme ceux-là j'en ai à la pelle, mais pour les plus sceptiques, je vous en donne encore un autre, vérifié lui aussi dans la matière.

Au cours de ma pratique, une femme vient me voir en consultation. Nous échangeons et nous sympathisons. Curieuse de tout et très ouverte d'esprit, elle choisit de participer à un week-end de découverte du chamanisme que j'organise quelque part dans la Drôme. Dès le début du stage, alors que chaque participant se présente, elle annonce à tout le groupe, en larmes, qu'elle a le SIDA. Elle précise bien qu'elle n'est pas seulement porteuse du VIH, mais qu'elle a bel et bien développé la maladie et qu'elle est sous trithérapie. Je lui fais un soin chamanique, accompagnée par tout le groupe. À la fin du soin, j'ose lui déclarer que ça y est, la maladie est partie. Elle est joyeuse et nous remercie tous. La semaine suivante, elle se rend à son rendez-vous trimestriel d'analyses. Le médecin qui la suit depuis plusieurs années lui annonce alors qu'il n'y a plus aucune trace du SIDA. Cela étant pour lui impensable, il lui demande de refaire d'autres analyses. Elle obéit sans broncher et les résultats suivants sont toujours négatifs. Pas de trace du virus, son sang est nickel. Vivant dans la même ville que moi, elle se déplace pour m'annoncer la bonne nouvelle puis trois mois plus tard, elle revoit son médecin et fait encore d'autres analyses. Résultats toujours négatifs. Le spécialiste n'a aucune explication et commence à étudier ce cas avec d'autres éminents professeurs. Trois mois de plus, de nouvelles analyses, un résultat identique. Quelle bonne nouvelle ! Mais voilà... Cette jeune femme se sentant bien, en pleine forme, elle passe inévitablement d'un statut de malade à un statut de personne en bonne santé. Son énergie se transforme et en réponse, les comportements de son entourage se transforment également et elle perd par là même une place qu'elle avait faite sienne. Un soir, elle me téléphone et m'annonce qu'elle veut à nouveau être malade, que c'est sa raison d'exister, que sans la maladie elle ne sait plus qui elle est. Les résultats des analyses suivantes seront positifs et cette femme récupérera ainsi son statut de victime.

C'est tout de suite moins réjouissant, n'est-ce pas ? Mais que faire d'autre si ce n'est accepter ce qui est ? Le choix de cette femme est juste, c'est cette expérience qu'elle a choisi de vivre. Il n'y a pas d'erreur, il n'y a pas de faute. Accepter. Oui. Accepter. Mais qu'est-ce que j'ai du mal à accepter !

Au final, je reconnais que ce qui me fait le plus souffrir n'est pas la douleur ou la souffrance que je capte venant de l'autre. Ce qui me fait le plus souffrir, c'est de refuser ce don que j'ai de tout voir et de tout ressentir. J'aimerais tellement que le monde soit plus beau ou moins moche, plus évolué ou moins retardé, plus vrai ou moins dans l'illusion. Pour ça je suis pleinement humaine, j'ai encore et toujours la capacité à séparer le bien du mal, le bon du mauvais. Mais selon quels critères si ce ne sont ceux de mes propres croyances ? Oui, tout est juste et je suis quelqu'un de fondamentalement optimiste. Je considère toute expérience comme bonne puisqu'elle me permet de me remettre en question et de transformer la perception que j'ai de cette réalité que j'absorbe par le biais de mes cinq sens. Pourtant, je me bats encore contre moi-même. J'en ai assez de fondre en larmes devant la beauté d'un lever ou d'un coucher de soleil, j'en ai assez de ressentir la colère et l'indignation lorsque je vois des humains maltraiter leurs semblables ou d'autres espèces, je ne supporte plus de savoir ce qui va se passer demain et de ne plus avoir la moindre surprise. Je rêve de me tromper un jour dans les prédictions que je peux faire et malheureusement, cela ne s'est encore jamais produit.

Jusqu'à il y a peu, je répondais à la demande de personnes qui souhaitaient être initiées au chamanisme en organisant – comme cela se fait de plus en plus – des stages et des ateliers de découverte, des célébrations, des cérémonies et des rituels. Ceci a certes son utilité, mais cela ne suffit pas. Alors que certains de mes contemporains continuent de créer des écoles et autres formations pour devenir chamanes, je considère – de par mon expérience – qu'il est impossible de découvrir qui l'ont est en quelques week-ends et de zapper en moins de quarante-huit heures une vie de conditionnements, d'où qu'ils viennent. J'ai donc pris du recul par rapport à ces transmissions, ces enseignements et ces autres thérapeutes/chamanes d'un nouveau genre. Lorsque l'on entreprend une réelle démarche chamanique, un réel voyage de découverte et de connaissance de soi, il faut savoir que c'est le travail de toute une vie. On ne devient pas chamane après avoir suivi une série de formations. Bon, je me dis tout de même que ces personnes – les organisateurs de festivals et de stages comme les participants – sont empreintes de bonnes intentions en tout cas, en surface. Je tente de me réjouir de voir le monde emprunter cette voie. Mais lorsque l'on se donne la peine de gratter un peu la première couche, celle qui brille, on découvre encore tant d'illusions, tant de jeux de pouvoirs et de besoins de reconnaissance. Il y a toujours des guerres d'Ego que l'on pensait réservées aux politiciens, de vieilles rancunes tenaces, de la manipulation et de la perversion. Sous un discours empreint d'amour et de tolérance, on constate toujours le même manque d'ouverture et l'absence d'une réelle remise en question. Hypocrisie inconsciente certes, mais hypocrisie tout de même.

Des signes avant-coureurs

Je suis née en Belgique et j'ai, par mon père, des origines russes. J'ai grandi et évolué dans une société occidentale toujours empreinte de croyances anciennes qui condamnent encore les personnes comme moi. Lorsque j'étais enfant, je disais les choses spontanément et je posais des questions, comme le font la plupart des enfants. Mais les réponses toutes faites ne me satisfaisaient pas et je questionnais encore et encore. J'ai très rapidement mis à jour les incohérences entre les discours et les actes. Mais pourquoi donc les adultes faisaient-ils cela ? Je me souviens du jour où ma mère exigeait de moi que je range ma chambre et que je mette de l'ordre afin de retrouver plus facilement mes affaires. Je lui avais alors demandé :

– Et toi maman, pourquoi tu ne ranges pas tes affaires ? Tu les retrouverais plus vite et ça t'éviterait de t'énerver sur tout le monde.

Je peux vous assurer que ma question – et peut-être aussi ou surtout ma réflexion – ne l'a absolument pas enchantée. Et pourtant, c'était pour moi cohérent : si ma mère me donnait un conseil, cela voulait dire qu'elle l'avait expérimenté et que cela fonctionnait. Pourquoi donc ne l'appliquait-elle pas ?

Je pense que le moment est bien choisi pour vous dire que l'éducation que l'on reçoit contribue fortement à la construction de notre identité. Plus que notre code génétique, notre environnement nous façonne. Nos parents sont nos premiers modèles et notre famille est la première société dans laquelle nous apprenons les règles du savoir-vivre en communauté. La mère représente l'espace, son lien avec son enfant est fusionnel. Le père représente le temps, son rôle au sein de la famille est de poser les limites et de casser la fusion entre la mère et l'enfant afin que ce dernier devienne un individu à part entière, capable d'une certaine autonomie.

Je vous brosse donc un rapide tableau de l'environnement dans lequel j'ai choisi de naître, histoire que vous compreniez mieux pourquoi et comment j'ai été amenée à refuser mon don inné. Enfant non désirée, je suis un accident. J'ai été conçue pendant que ma grand-mère paternelle agonisait, à l'âge de cinquante-cinq ans, d'un cancer généralisé. Mon père, en fusion totale avec sa mère et donc affectivement dépendant – malgré son statut d'époux et de père de famille – a vécu ces douloureux instants comme un déchirement, une sorte d'anéantissement d'une part importante de sa propre personnalité. Mes grands-parents paternels avaient divorcé juste après la Seconde Guerre mondiale et mon grand-père russe avait laissé sa fille et son fils aux bons soins de leur mère. Lorsque mon père s'était marié, il était toujours en réaction et en colère contre son géniteur et il avait été jusqu'à renier ses origines et ses ancêtres en faisant officiellement changer son nom de famille au début des années soixante. Je reconnais également que la Guerre froide lui a donné une raison supplémentaire de le faire. Pour ma mère, ce n'était guère plus réjouissant. Elle avait perdu sa maman à l'âge de trois ans et son père – avec lequel elle était passablement en conflit – lorsqu'elle en avait seize. Il est déjà intéressant d'observer qu'une enfant comme moi – qui par définition n'aime pas les limites et dont un des rôles est de défier l'autorité – s'incarne par le biais de deux parents eux-mêmes déjà en conflit avec celui qui représente l'autorité au sein de la famille : le père.

Ajoutez à cela que mon propre père n'a jamais été enchanté de l'arrivée de ses quatre enfants tout en n'ayant jamais utilisé les moyens à sa disposition pour éviter les grossesses de ma mère. Quoi qu'il en soit, lorsqu'elle lui a annoncé ma présence dans son ventre, mon père émotionnellement chamboulé – on le serait à moins dans de telles circonstances et je crois d'ailleurs que le mot chamboulé est faible pour décrire ce qu'il a sans doute ressenti – a rejeté d'emblée cette vie à venir alors que celle de sa mère venait de se terminer. De quel droit la vie continuait-elle à s'exprimer alors même qu'il était en plein deuil ? Fou de chagrin, il a demandé à ma mère d'avorter. Elle a refusé. Il a alors insisté, lourdement, à plusieurs reprises, et elle a tenu bon. Puis dans un moment d'égarement, il a tenté le tout pour le tout et l'a bousculée. Elle est tombée, mais rien n'y a fait, je me suis accrochée, inconsciemment déterminée à faire mon apparition. Ma mère – d'une nature fragile et anxieuse sous une apparence de force et d'arrogance –

craintive face à l'homme qui s'en prenait à son enfant, a choisi – très inconsciemment elle aussi – de devenir pour moi une mère parfaite, celle qui allait comme un preux chevalier protéger son trésor contre quiconque voudrait l'approcher. Comme tout enfant dans le sein de sa mère, j'ai pris toutes ses émotions et ses sentiments et en gentille petite chamane que j'étais déjà j'ai débarqué dans ce monde avec pour objectif d'apporter aux miens les soins nécessaires à leur guérison. J'ai bien vite appris – mais pas nécessairement accepté – que l'on ne soigne pas celles et ceux qui ne le souhaitent pas et que chaque être est responsable de lui-même. Nous sommes impuissants à faire à la place de l'autre, nous n'en avons ni le droit ni le devoir.

Ma mère a projeté sur moi ce qu'elle était elle-même et elle s'est mis dans la tête que je serais une enfant fragile. Voilà pourtant que je lui prouvais le contraire en choisissant de naître à la même date que le jour anniversaire de ma grand-mère paternelle. Quelle plus magnifique protection pour moi face à un père potentiellement dangereux que de m'incarner à cette date ? Mon géniteur a tout de suite compris le signe et il a été divisé entre la culpabilité d'avoir voulu ma mort et la joie des retrouvailles avec ce qu'il considérait presque comme la réincarnation de sa maman. J'ai alors grandi avec les nombreuses comparaisons, l'admiration et la confiance totale qu'il vouait à sa très chère disparue. Cela a fortement déplu à ma mère qui a renforcé encore son désir d'être parfaite au point de devenir l'unique référence et l'unique modèle pour moi.

Tout s'est écoulé comme un long fleuve à peu près tranquille jusqu'au déménagement de la famille. Je venais de fêter mes cinq ans et nous sommes passés d'une maison certes un peu petite, mais confortable, à une demeure immense, mais complètement vétuste. Pas d'eau courante, pas d'électricité, pas d'isolation et donc pas de cuisine, pas de salle de bain et je vous laisse imaginer le reste. L'inconfort matériel, l'insécurité financière, les doutes et les incertitudes, le travail incommensurable qu'il était nécessaire de mettre en œuvre pour avoir, peut-être un jour, un foyer décent ont eu raison du système nerveux de ma mère dont la névrose latente a pu pleinement s'exprimer. L'enfant que j'étais encore a été, je l'avoue, dépassée par les événements et a dû faire face à son impuissance de fillette à gérer la situation comme elle l'aurait voulu. Moi qui étais d'un naturel doux, attentif, à l'écoute, bienveillant, je venais de basculer dans l'horreur. Plutôt que d'avancer côte à côte, mes parents ont continué à se faire face et à s'ériger l'un contre l'autre. Le combat promettait d'être sanglant. La division venait définitivement de s'installer dans notre demeure. Auquel de mes deux parents allais-je être loyale ? Ils avaient tous deux besoins de mes soins. Ma mère m'enseignait que les seules limites qui étaient valables étaient celles qu'elle choisissait en fonction de ses humeurs et de ses émotions de l'instant. Mon père m'enseignait lui que tout était limité et que ces limites étaient dures, contraignantes, et que nous n'avions pas d'autre choix que de les subir en courbant l'échine.

Et moi de mon côté, constamment connectée avec le subconscient – le mien et celui des autres – j'obtenais facilement et sans effort tout ce qui m'était nécessaire. Mais cela ne suffisait pas à mon père qui voulait à tout prix que je sois comme lui, que je partage ses croyances et que je sue à obtenir toujours plus, même au-delà de ce dont j'avais besoin ou envie. À qui donc allais-je être loyale ? Je me sentais partagée, divisée entre ces deux conceptions diamétralement opposées, mais dont la vision était commune : la vie, c'est moche, c'est noir, on en a peur et l'on est là pour souffrir. Cette vision commune à mes parents et – je le découvrirais plus tard – à l'inconscient collectif contrastait totalement avec ma vision et ma perception de la vie qui était que tout était parfait dans l'instant et que quoiqu'il se passe, j'allais toujours m'en sortir sans faire de gros efforts. Vision utopique ou foi de l'enfant encore connecté à l'intelligence suprême, à la force de vie, à l'énergie qui est à l'origine de tout ?

D'une nature gourmande, j'ai pris pour modèles mes deux parents et j'ai développé de ma mère le côté «je suis seule à me poser des limites et celles-ci dépendent de mes humeurs et de mes émotions de l'instant» tandis que je développais de mon père le message que je ne faisais pas assez d'efforts pour avoir toujours plus et que par conséquent «j'étais une vilaine fille qui ne faisait que contrarier son papa pour le plaisir de lui pourrir la vie» (si si ce sont ses paroles). Et en plus, ô manque de respect pour mes parents bienveillants, j'osais garder la foi et je restais optimiste alors même que j'aurais dû me lamenter et souffrir du fardeau de l'existence. Je les décevais beaucoup, mais ils allaient être rapidement récompensés, car je devenais, jour après jour, celle qu'ils souhaitaient que je devienne.

La réponse à leur attente allait surpasser leur désir à un point tel qu'ils allaient vite perdre pied face à mon omnipotence qui s'installait au sein de la famille. De joyeuse et heureuse de vivre, je suis devenue rebelle et violente et mon unique mission serait désormais d'anéantir tout ce qui m'entourait. La lumière en moi s'assombrissait, l'amour s'éloignait et une épaisse barrière mentale/émotionnelle puante et opaque se renforçait à chaque instant. Ils m'avaient contrainte et enfermée dans leurs limites incohérentes et leurs croyances obsolètes, j'allais les dépasser dans l'art de la destruction. Allaient-ils comprendre le message ? Semer le désordre, semer le chaos pour reconstruire, peut-être, sur des fondations plus saines. À ce jour, ils n'ont toujours pas compris. Sans doute que je m'y suis mal prise pour faire passer mon message. J'ai pourtant essayé de tant de manières : en parlant leur langage, en étant comme eux puis plus tard en essayant d'être à nouveau moi, accueillante, bienveillante, compréhensive et sans jugement. Rien à faire. Je suis certes responsable de ce que j'émane, de ce que j'émets, mais je ne suis pas responsable de la façon dont l'autre capte mon message, enfermé qu'il est lui-même dans sa propre barrière mentale/émotionnelle.

Je ne puis rien faire de plus si ce n'est prendre soin de moi et lâcher prise. Tout est juste et tout nous fait grandir.

Mais quelles étapes ai-je donc franchies pour passer de la lumière à l'ombre ? Petit retour en arrière, lorsque j'étais enfant. S'exprimer spontanément, c'est mignon lorsque vous êtes une petite fille, mais lorsque vous grandissez, les adultes prennent vos questions – et les réflexions qui ne manquent pas de les suivre – pour de la provocation. «C'est comme ça, un point c'est tout» était la réponse toute faite dont je devais apprendre à me contenter. J'ai eu beau tenter de m'expliquer, de me justifier, j'ai essayé de dire que ma seule intention était de comprendre, en vain. Après les cris, les menaces et autres chantages, les punitions sont arrivées. J'ai donc commencé à me taire, je me suis repliée sur moi-même, honteuse de déranger, honteuse d'être différente alors que j'observais que les enfants de mon âge obéissaient sans broncher, acceptant tout comme une évidence. J'étais bien incapable d'expliquer pourquoi j'agissais ainsi, comment je fonctionnais et pourquoi j'étais avide de tout comprendre et de tout connaître. Je ne souhaitais pas contrarier mes parents et ils me disaient que c'était ce que je faisais, sans cesse. Je souffrais de les faire souffrir et je souffrais aussi du jugement et de la condamnation qu'ils prononçaient à mon encontre. Je ressentais comme injuste qu'ils projettent sur moi leurs propres démons non assumés. Pourquoi donc n'avaient-ils pas – comme je l'avais – la capacité de voir au-delà de l'illusion ?

Pourquoi étions-nous si différents les uns des autres ? Il est dit que la curiosité est un vilain défaut et je me suis entendu dire que j'étais une vilaine pécheresse. J'ai fait du mieux que j'ai pu – comme tout le monde – et j'ai tenté de rentrer dans le rang. Rien à faire, une force à laquelle je ne pouvais résister, une force qui venait du plus profond de mon être, me poussait à manifester qui j'étais. C'était réellement plus fort que moi. J'ai donc continué à me taire et je me suis exprimée autrement : échecs scolaires, alternances d'anorexie et d'hyperphagie, intérêt exacerbé pour la sexualité, agressivité, violence envers moi-même et plus tard, envers les autres. Je voulais juste que l'on m'aime telle que j'étais, pour qui j'étais. Mais comment le dire, le montrer, le crier, le faire comprendre ?

Mon unique refuge, c'était les animaux. Ils m'acceptaient avec mes failles et mes forces. Je n'avais aucune question à leur poser, cohérents qu'ils étaient dans leurs comportements. Entiers, intègres comme je l'étais moi-même, nous nous sommes toujours compris et soutenus. Ma famille humaine vivait à la campagne et j'ai eu le bonheur de partager beaucoup de mon temps avec chiens, chats, poules, lapins, canards, moutons et chevaux. Pour mes parents et surtout pour mon père, le seul intérêt de ces animaux était d'ordre économique. Un gouffre séparait ses besoins et les miens et lorsqu'il tuait un lapin, un poulet ou un canard pour que ma mère le serve ensuite à table, j'ai à plusieurs reprises refusé de manger celui que je considérais comme un membre de ma famille. On m'a alors interdit de côtoyer les animaux destinés à nous nourrir puisque rien ne me faisait changer d'avis et que mes colères étaient plutôt excessives. Quant aux chiens et aux chats, aux moutons et aux chevaux, ils répondaient plutôt au besoin de ma mère d'être abondamment entourée et mon père se contentait de les tolérer. Il ne leur faisait aucun mal tant que ceux-ci lui obéissaient.

Je me souviens toutefois d'un jour où mes parents et moi étions partis ensemble nous promener. Ma mère avait insisté pour que nous prenions sa chienne alors âgée de six ans. Belle était comme une sœur pour moi. Elle était entrée dans ma vie lorsque j'avais deux ans tandis qu'elle était âgée de deux mois. Elle était aussi rebelle que je l'étais déjà et elle avait pour particularité de tirer très fort sur sa laisse lorsqu'elle se sentait tenue. Ce jour-là donc, mon père, plus costaud que ma mère, tenait la chienne, mais celle-ci tirait et tirait encore. Puis soudainement, sans prévenir, il a donné un coup si sec et si fort sur la laisse que la chienne a hurlé de douleur tout en faisant un vol plané. Aussi soudain que l'avait été le geste de mon père, mon pied droit a percuté violemment le haut de sa cuisse et il a, à son tour, hurlé de douleur, mais surtout de surprise. Il s'est retourné et m'a crié, en colère :

– Non, mais ça ne va pas ? Qu'est-ce qui te prend ?

– Et toi ? avais-je répondu en criant aussi fort que lui. De quel droit lui as-tu fait aussi mal ? Maintenant que tu as pris mon coup de pied, tu sais ce que c'est que d'avoir mal.

Et je te préviens, si tu recommences, je recommencerai aussi.

Mon père aurait-il dû me punir à ce moment-là ? Il n'en a rien fait. Qu'a-t-il ressenti ? Que s'est-il passé en lui ? Je l'ignore, nous n'en avons jamais reparlé. J'ai appris de sa bouche bien des années plus tard qu'il craignait mes colères, qu'il craignait de perdre mon affection et mon estime, mais aussi que ce que je pouvais lui dire n'était pas dénué de sens et que cela le faisait réfléchir.

À l'âge de seize ans, les changements hormonaux et les pressions accumulées au sein de ma famille et dans le milieu scolaire ont eu définitivement raison de ma volonté à me plier aux exigences du plus grand nombre. Ces pressions ont donc atteint leur paroxysme et j'ai endossé totalement le rôle que l'on m'avait dévolu. Je suis définitivement devenue ce qu'ils croyaient que j'étais, pleinement, totalement. J'ai accédé à leur demande, j'ai entériné leur vérité, je suis devenue le monstre qu'ils voyaient en moi, le reflet d'une part d'eux-mêmes qu'ils ne reconnaissaient pas et qu'ils projetaient très inconsciemment sur moi. Je suis devenue encore plus violente, agressive et révoltée. J'ai poursuivi mon exploration curieuse et insatiable des extrêmes : alcool, tabac, sexe, rapports conflictuels avec l'alimentation et bien entendu avec l'autorité, sous toutes ses formes. J'étais à la dérive, je prenais des risques, je jouais à me faire peur, je défiais la mort, je me sentais puissante dans ma capacité à me détruire, à tenter de détruire la vie en moi. Je me perdais de plus en plus, j'errais dans un monde sombre, hanté par les émotions fortes de la colère, de la peur et de la mélancolie. La lumière qui me guidait avait presque complètement disparu. J'essayais de survivre comme on me l'avait enseigné, selon un dogme et des préceptes établis par la société dite normale. Il y avait le bien, il y avait le mal et le mal était condamnable. Je suis allée dans ce mal, je l'ai provoqué, je l'ai disséqué pour mieux le connaître et mieux le comprendre. Je l'ai aimé. Il n'a maintenant plus de secret pour moi.

Pour certains, les plus doux (dont mes parents faisaient partie), j'étais une rêveuse hypersensible et hyperémotive, égoïste, complètement à côté de la réalité de ce monde et l'on finirait bien par me dresser pour que je m'intègre. Pour d'autres (certains de mes professeurs de collège, de lycée et d'études supérieures ainsi que des camarades de classe), j'étais une sorcière pour laquelle les bûchers auraient encore dû exister et pour d'autres encore (en majorité des médecins, mais aussi mes petits amis et surtout leurs parents), j'étais une malade mentale, un savant et complexe mélange d'hystérie, de schizophrénie, de dépression et de bipolarité. Je les ai crus, eux qui avaient l'expérience et moi qui avais tout à apprendre. Alors que presque tout le monde pensait que j'étais une tarée particulièrement démoniaque, alors qu'ils reconnaissaient enfin la puissance qui était en moi et qu'ils la craignaient, mon Ego surdimensionné jouait maintenant avec eux tout en surprotégeant et en enfermant encore plus profondément la lumière qui brillait en moi. La barrière mentale/émotionnelle ne cessait de prendre de l'ampleur et mon Âme étouffait de plus en plus. Personne n'a jamais compris que j'avais plus peur d'eux qu'ils n'avaient peur de moi et que je manquais cruellement de confiance en moi tant on m'avait répété que ce n'était pas avec ma douceur et ma gentillesse que j'arriverais à m'en sortir dans ce monde si dur et si horrible.

Et puis un jour, allez savoir pourquoi, une évidence m'est apparue : rien ni personne ne valait la peine que je me détruise à ce point. Mon Âme se manifestait à nouveau et mon Ego, gonflé par le pouvoir acquis dans l'obscur, tentait encore de l'étouffer. Le moment était venu de remettre de l'ordre à l'intérieur de moi, mais je refusais toujours d'écouter le don, les appels qui me parvenaient d'ailleurs, les souffrances qui demandaient à être soulagées. Je rejetais encore ceux qui m'avaient tant rejetée. Personne ne m'avait tendu la main, ils n'avaient qu'à se débrouiller par eux-mêmes. J'ignorais encore à quel point je les aimais pour avoir une telle capacité à les haïr.

Quelques années plus tard, ayant pris de la distance géographique avec mon milieu d'origine, je me suis un peu apaisée et je me suis construit une vie normale. Toujours pour faire comme tout le monde, pour être comme tout le monde : un travail très bien rémunéré en CDI à Genève, un mari, une propriété, une grosse voiture, quelques voyages à l'étranger et ma famille, les animaux. Ils ont été nombreux, trop peut-être.

Dans ma quête pour comprendre ma différence et pour sortir du gouffre dans lequel je me noyais, j'ai entamé un travail psychothérapeutique. Je remercie encore aujourd'hui la première femme auprès de laquelle j'ai commencé à rouvrir les yeux et à panser mes plaies béantes. Cette démarche a été souvent difficile et je rentrais de la plupart des séances en larmes et encore plus mal dans ma peau. Mais je connaissais la douleur et la semaine suivante, j'y retournais. Je n'avais aucun plaisir à souffrir, mais je sentais au fond de moi que quelque chose commençait à se libérer. Le temps et la persévérance étaient nécessaires. Je ne pouvais pas encore lui dire qui j'étais, nous n'étions pas prêtes.

En état de stress permanent depuis l'enfance, j'ai fini par développer la maladie de Crohn. C'était la première alarme que mon corps m'envoyait. Savez-vous que tout est symbole et qu'il nous est possible de tout comprendre pour peu que nous nous y intéressions ? Il suffit simplement d'être à l'écoute. J'ai entendu le message, je l'ai compris, mais j'ai refusé en toute conscience d'en tenir compte. Mon corps me disait RALENTI, il me disait que j'allais trop vite, qu'il était temps de lever le pied, d'accueillir et d'accepter la vie telle qu'elle était, d'accepter qu'une relation me convienne à un moment et qu'ensuite elle ne me convienne plus et que je n'avais pas à me sentir coupable de mes choix s'ils étaient différents des choix de mes proches. L'énergie sombre de la culpabilité dominait encore l'énergie lumineuse de l'amour et du respect de soi.

Mais voilà, je suis bien incapable de faire semblant sur le très long terme et un jour, sans prévenir, j'ai décidé de tout plaquer. Je gardais toutefois conscience de mes nombreuses responsabilités envers mon employeur, mon mari et mes animaux. J'ai donc fait les choses dans les règles en posant ma démission, en prestant mes six mois de préavis, en organisant le déménagement de mes biens personnels et des animaux qui venaient avec moi. Et mon mari ? Je lui laissais le choix de vivre ce qu'il souhaitait. Il était contre mes décisions, contre ma démission, contre le déménagement. Il en avait le droit, mais pour moi, c'était juste. Je suis alors partie à plus de six cents kilomètres de notre lieu de résidence et mon mari, refusant toute idée de séparation, me rejoignait une fois par mois pour un week-end. Ses rares présences me dérangeaient de plus en plus, j'avais besoin d'air. J'étouffais encore dans cette petite vie rangée et ennuyeuse que désirent monsieur et madame tout le monde.

Pourquoi donc suis-je si différente ? Pourquoi donc est-ce que je fonctionne autrement ? Pourquoi suis-je si intègre, cohérente et honnête ? Pourquoi est-ce que je n'arrive pas à faire semblant longtemps et à me contenter des petites joies simples du quotidien ? Pourquoi ai-je un tel besoin, une telle nécessité de mettre à jour ce qui ne va pas ? Pourquoi est-ce que je n'arrive pas à m'intégrer dans cette société humaine sans me faire de mal ou sans déranger les autres ? Pourquoi est-ce que je me rebelle sans cesse ? Pourquoi est-ce que je n'accepte pas pour acquis tout ce que l'on me dit, me montre ou m'impose ? Je me sens louve, pourquoi ne suis-je pas un mouton comme tant d'autres ? Alors que je suis pleinement éveillée, pourquoi les autres préfèrent-ils rester endormis tout en se plaignant inlassablement de leur situation ?

Combien de fois me suis-je entendu dire : «Si cela ne te plaît pas, fais autrement !» Et moi, je prenais cela au premier degré et je plaquais tout. Je partais ailleurs, pour faire autrement. Je quittais du jour au lendemain les soi-disant sécurités affective et financière que je m'étais construites. Pourquoi les autres ne faisaient-ils pas la même chose ? Pourquoi restaient-ils en contact avec celles et ceux qu'ils considéraient comme toxiques tout en disant en même temps ne plus les supporter ?

J'ai rencontré de nombreux thérapeutes et guérisseurs de tous bords. Nous avons longuement échangé, discuté, partagé nos expériences. C'est auprès de ces personnes que j'ai commencé à percevoir que mon don n'était peut-être pas le fardeau que je croyais. J'ai compris que je n'étais pas anormale et que ce don était en fait un cadeau et surtout, j'ai appris que je n'étais pas la seule à le posséder. Mais que pouvais-je donc en faire ?

– Partage-le, m'avait dit un jour un vieux sage.

– Mais les autres n'en veulent pas, lui avais-je répondu.

– C'est parce que toi tu n'en veux pas que tu as rencontré ceux qui n'en veulent pas. Si tu l'acceptes, tu rencontreras ceux qui l'acceptent aussi.

Cet homme simple et humble, je le qualifie de maître. Rien à voir avec tous les faux gurus qui s'autoproclament maîtres ou guides spirituels simplement parce qu'ils bidouillent quelques pratiques et qu'ils possèdent un carnet d'adresses bien rempli et un rayonnement plaqué or. Mais quand est-il réellement au-dedans ? On me dit orgueilleuse parce que j'ose révéler les mensonges de ceux qui agissent sous une apparence humble et effacée, mais la fausse humilité n'est-elle pas une forme plus subtile d'orgueil ? Si je respecte mes valeurs, je ne peux pas valider les comportements de celles et ceux qui continuent à manipuler leurs semblables. Ceux-là sont inconsciemment motivés par leur peur de manquer et leur besoin de reconnaissance.

À cette époque, je vivais en Dordogne et c'est là que j'ai touché du doigt un début de bonheur. Certes, tout n'a pas été cool tous les jours, mais l'apaisement et la lumière se sont intensifiés. Après deux ans, mon mari, sentant que je m'éloignais de plus en plus, est venu me rejoindre définitivement. Il est tombé en dépression et nous avons à nouveau déménagé pour retourner là d'où nous venions, en Haute-Savoie. C'était plus que je ne pouvais supporter et notre relation s'est soldée par un divorce. Mes ailes recommençaient à pousser. Malgré cette séparation et après une relation de plus de quinze ans, mon ex-mari s'accrochait toujours. Me jugeant coupable de ne plus le supporter, j'ai accepté de poursuivre avec lui une relation chaotique. J'avais moi aussi besoin de temps pour aller au bout du processus. Je sentais que si je bâclais la fin, il me faudrait recommencer ailleurs la leçon non intégrée. Je ne voulais pas recommencer ailleurs. Je voulais continuer, mais autrement, sans répéter.

Professionnellement, j'ai fini par accepter de manifester mon don en le mettant au service de celles et ceux qui en feraient la demande, mais j'avais encore la croyance que pour faire accepter mes dispositions naturelles auprès de mes semblables, il me fallait un cadre. Outre le lieu, cela signifiait prouver par certificats et diplômes mes capacités à exercer. J'avais moi aussi besoin de me reconnaître le droit de le faire. J'ai donc suivi de nombreuses formations, des techniques de toutes sortes déposées sous copyright dont le seul but est de nourrir le mental avide de posséder toujours plus de savoirs et d'enrichir les créateurs de modes d'emploi qui n'ont de nouveau que le nom qu'on leur donne. Les formations se sont suivies, les certificats et diplômes ont été délivrés et à travers tous ces signes de reconnaissance, ma plus belle récompense a été un burn-out, la deuxième alarme qui sonnait pour tenter de me réveiller.

Et voilà que moins d'un an après le burn-out, pour la troisième fois, mon organisme a tiré la sonnette d'alarme. Le corps médical a diagnostiqué une spondylarthrite ankylosante. Cette fois, le message était on ne peut plus clair : le corps me disait STOP. Les paroles du médecin avaient été salvatrices :

— Ça commence par une rigidité des articulations sacro-iliaques puis c'est tout le rachis qui va suivre. Progressivement, vous ne pourrez plus bouger et vous finirez en fauteuil roulant. Ensuite, vous aurez de plus en plus de mal à respirer et de toute façon, vous aurez besoin d'assistance assez rapidement. Il va falloir penser à vous organiser.

J'étais sous le choc, mais j'avais vite repris mes esprits et questionné le médecin :

— Euh concrètement, qu'est-ce qu'on peut faire pour éviter ça ?

— Absolument rien, avait-il répondu. Je vais vous prescrire des anti-inflammatoires pour la douleur et des séances de microkiné pour ralentir le processus, mais à terme, c'est le fauteuil roulant.

J'étais rentrée chez moi, j'avais nourri mes six chats et je m'étais laissé tomber dans un fauteuil. La douleur m'avait rappelé tout de suite la présence de mon invitée non consciemment désirée : la spondylarthrite. Des larmes d'impuissance se déversaient abondamment. Le médecin l'avait affirmé : j'étais malade, c'était un fait et je ne pouvais rien faire qui puisse changer quoi que ce soit. Mon sort était scellé. J'ai laissé toutes les larmes s'écouler, je me suis laissé porter par ces flots tumultueux, ils m'amèneraient bien quelque part. J'ai abandonné d'abord, lâché prise ensuite. J'ai cessé de me débattre contre ce qui était ma vérité, dans l'instant. Je coulais, je m'enfonçais toujours plus profondément dans un monde où les mots et les pensées n'existaient plus, je sombrais, je touchais le fond.

Le contact avec ce fond a provoqué en moi un nouveau choc dont je sentais la vibration dans toutes les cellules de mon corps. Je me suis réveillée et j'ai commencé à remonter à la surface. Je traversais les eaux sombres de la mélancolie et m'élançais vers le haut. Au passage, j'ai pris dans mon bagage l'émotion de la colère, mais voilà que je laissais celle-ci prendre les commandes. Elle a alors enflé pour devenir de la rage, de la violence. Je criais, je hurlais et la spondylarthrite m'avait rappelée à l'ordre, une fois de plus. OK. Le message était passé et bien reçu. La rigidité symbolisée par la maladie me faisait comprendre qu'il serait bon que je redevienne plus souple, plus adaptable à ce qui se passait dans ma vie. J'avais besoin d'exprimer mes émotions – comme la colère par exemple – mais il était également nécessaire que je guide ces émotions afin qu'elles cessent de diriger ma vie à ma place. Le moment était venu de cesser de me battre encore contre la vie. Le moment était venu d'avancer pour elle, de franchir une nouvelle étape.

J'ai appris énormément durant toutes ces années sur le respect de soi et à chaque fois que j'oubliais les leçons apprises, je provoquais – comme nous le faisons tous – les expériences qui allaient me réveiller. Je me souviens de cet accident de voiture dans le sud de la France, la quatrième alarme. Mon ex-mari désirait absolument que nous nous rendions ensemble à un événement. Je ne souhaitais pas y aller, j'avais beaucoup roulé la semaine précédente et j'étais très fatiguée. Il a insisté, je n'ai pas dit non, choisissant de lui faire plaisir plutôt que de respecter mon corps qui n'en pouvait plus. Il était minuit passé, la journée avait été éprouvante, je conduisais pour prendre le chemin du retour. Eh oui, je conduisais alors que j'étais épuisée, mais mon ex-mari se disait trop fatigué lui aussi pour conduire alors… Je me souviendrai toujours de la scène, du moment de l'impact. Nous étions à un carrefour au centre-ville, tous les feux de signalisations clignotaient. Début novembre, il faisait sombre, je ne voyais pas les traces au sol, mais je voyais par contre très bien les phares de la voiture qui arrivait sur notre droite. Mon ex-mari m'avait dit :

– Voiture, freine !

Je sens encore le poids de mon pied sur l'accélérateur, le choc de l'impact, le sifflement strident dans mes oreilles. La voiture fumait, j'ai eu le réflexe de retirer la clé du contact. J'étais pliée en deux sur le volant, j'avais terriblement mal dans la poitrine. Mon ex-mari était conscient :

– Ça va ? m'avait-il demandé.

La seule réponse qui m'était venue était :

– Je suis désolée pour ta voiture.

– Sors, m'avait-il dit.

Nous sommes tous deux sortis et nous nous sommes éloignés du véhicule. Le conducteur de l'autre voiture vociférait, mais il s'était vite arrêté voyant que j'étais toujours pliée en deux. Quelques autres personnes s'étaient approchées, les secours avaient été alertés. Les pompiers sont rapidement arrivés et mon ex-mari s'est tout de suite engouffré dans leur fourgon. Un secouriste était venu près de moi et m'avait invité à le suivre. J'avais refusé.

— Mais comment vous sentez-vous, madame ?

Je lui avais répondu :

— En ordre.

— Pardon ?

— Je vous dis que je me sens en ordre. Tout va bien. Je n'ai pas besoin de vous, je vous remercie. Occupez-vous de mon compagnon.

Il s'était éloigné. Comment aurais-je pu lui expliquer que le choc dans la matière avait réaligné tous mes chakras ? Comment pouvais-je lui dire que j'étais, en ce moment précis, dans tous mes corps d'énergie en même temps et que je trouvais cela plutôt vachement sympa ? C'est aux urgences psy qu'ils allaient m'emmener si je l'ouvrais, j'ai alors fait ce que je maîtrise très bien depuis plusieurs années, je me suis tue.

Peu à peu, celle que j'attends et appelle depuis si longtemps se rapproche de moi, je la sens arriver, la mort. Je ressens dans mon corps qu'il s'agit d'une mort symbolique et non physique, mais la mort physique n'est-elle pas un symbole elle aussi ? L'intensité de mon ressenti est puissante et mon corps est bel et bien épuisé. Je sais parfaitement qu'il est capable de se reconstituer, mais les pensées et les émotions que je produis ne cessent d'interférer, empêchant ainsi le processus de la vie d'opérer en moi. Je résiste encore à l'accepter pleinement, sans doute parce qu'une part de moi est rebelle et aime défier ce qui est. Mais voilà, la mort est là et elle attend patiemment que je sois prête à l'accueillir. Non sans peur, je me laisse à nouveau aller, j'abandonne la lutte et le combat, je baisse les bras, je baisse les armes et j'accepte ce qui est. Je meurs. Enfin ! Je meurs à une illusion de moi-même, à un rôle que j'avais endossé, à une identité que j'avais faite mienne. Je sens que j'entreprends à l'intérieur de moi-même un virage à cent quatre-vingts degrés. Après toutes ces années dans le terreau sombre, la graine commence à germer et à s'élever vers la lumière. Non ! Je ne suis pas que destruction, violence, colère et agressivité. Non ! Je ne suis pas une dominatrice orgueilleuse, égoïste et extrémiste qui se moque de tout et de tous.

Je commence peu à peu à me reconnaître à travers tous les aspects qui me constituent et je me redécouvre joyeuse et paisible, vive et posée, rapide et lente, optimiste et réaliste, curieuse de tout et capable de laisser à l'autre ses regards, ses appréciations et ses jugements sans que cela ne m'affecte outre mesure. Je suis à la fois indépendante et plus loyale qu'une meute de loups et lorsque je prends des engagements vis-à-vis d'une personne ou d'une situation, je ne le fais jamais à la légère, je vais jusqu'au bout, quitte à en crever. Comme j'ai tendance à penser à l'autre avant de penser à moi, je choisis de devenir plus prudente et plus exigeante quant aux choix de mes fréquentations. Je me sens plus libre aussi et plus autonome. Je me fie à nouveau à mon intuition et à mon instinct et je laisse de moins en moins mon mental et mes blessures interférer. Je retrouve ma capacité à aimer et la puissance de la douceur. Je suis déterminée et bien plus patiente que je ne l'aurais imaginé.

Dans le train qui nous ramène chez nous, je me dis que mon environnement ne me correspond plus. Je n'arrive décidément plus à faire semblant. Ma vie de couple, mon travail, mes relations, mon quotidien... je m'ennuie et je me sens attirée par des ailleurs, par une autre vie plus palpitante et plus aventureuse. Le moment est enfin venu de souffler sur les derniers grains de sable qui menacent encore d'enrayer les rouages du mouvement de la vie en moi. Ce que le monde extérieur va percevoir comme étant un coup de tête n'est en fait que le fruit d'une longue maturation. Je sais que je vais mettre, une fois de plus, mes affaires en ordre et que je vais tout préparer consciencieusement afin de ne léser personne.

Partir à la rencontre d'un collègue, d'un chamane d'une autre tradition. Aucun thérapeute occidental autoproclamé chamane ne peut me venir en aide. Leurs subconscients sont encore imbibés de puissantes croyances dont ils ignorent même l'existence et qui les maintiennent dans une illusion New Age archaïque. Ils ignorent encore et refusent de reconnaître que ce qui les anime est toujours un besoin de reconnaissance et une peur de ne pas exister. Ils utilisent alors la méthode *Peace and Love* et les substances illicites pour tenter de provoquer chez eux et chez leurs adeptes les visions et les extases que je vis presque quotidiennement. Que peuvent-ils m'apporter de plus que ce que je vis déjà ? Ils émanent encore et toujours – bien inconsciemment il est vrai – la peur d'être seuls, le manque de foi et l'envie de pouvoir. Et moi, pleinement ouverte, réceptive, hypersensible, je prendrais tout cela d'eux, bien malgré moi aussi. Je suis saturée de leurs subconscients, de leurs pensées, de leurs émotions, de leurs croyances, de leurs blessures. J'ai besoin de vivre et il n'existe aucune méthode, aucun mode d'emploi pour apprendre à vivre. J'ai besoin de m'immerger dans une vision autre que la vision occidentale. J'ai besoin de me confronter à un autre système de croyances, à une autre tradition. J'ai besoin de perdre mes repères, les sécurités illusoires de mon monde appauvri. Où vais-je me rendre, vers quelle contrée, vers quelle tradition ?

De par mes origines russes, l'Est m'attire. Mon Cœur me dit :
– Amérique du Sud.
Mes peurs répondent :
– Surtout pas ! Tu vas devoir prendre des plantes psychotropes et elles vont te révéler la vraie vérité à ton sujet. Tu ne pourras plus être dans l'illusion.

J'écoute donc mon Cœur et je décide de partir pour l'Amérique, seule, sans rien de connu auquel me raccrocher. Être la plus nue possible pour vivre, enfin, et ressentir au-delà des émotions et des pensées, au-delà des désirs, de l'imagination, au-delà de l'illusion.

Je pars pour mourir et renaître. La mort est inéluctable pour tous et pour moi, la question essentielle n'est pas de savoir quand nous mourrons, mais comment nous mourrons. Il y a autant de réponses justes et de vérités qu'il y a d'individus sur cette planète. En ce qui me concerne, je fais le choix de mourir libre. Libre de toutes peurs, de ces peurs qui me taraudent encore et qui orientent mes décisions et mes actes à la place de mon Cœur. Il ne s'agit plus maintenant de poursuivre ma révolution personnelle, mais bel et bien de suivre l'évolution, le cours naturel de la vie. Un sacré travail a déjà été commencé, une porte a été ouverte, il me faut maintenant franchir le seuil. Après l'amorce du virage à cent quatre-vingts degrés, une toute nouvelle direction s'offre à moi et il est temps de me mettre en route pour l'explorer.

Voici donc mon histoire, mon expérience, ma vérité, dans l'instant où je l'ai vécue. J'ai encore tant à apprendre et tant de chemins à parcourir. Je viens à peine de redécouvrir mon monde, ma propre réalité, celle que je refusais de voir et donc, de vivre !

Les signes se précisent

Mi-novembre, la plupart de mes affaires sont en ordre : j'ai quitté proprement mon travail d'accompagnement à domicile de personnes âgées dépendantes, j'ai prévenu toute la clientèle de mon cabinet de consultation privé, mon dernier cheval est en pension et mes deux chats sont casés chez mon ex-mari, Ludovic. J'ai vendu la plupart de mes affaires personnelles, histoire de faire le ménage et de récupérer quelques sous. Mon compte en banque est en négatif de plus de deux mille euros depuis plusieurs années, je n'ai aucune assurance qui couvrirait un éventuel rapatriement et je n'ai plus de logement. Je suis hébergée par quelques amis et depuis plusieurs mois par mon ex-mari avec lequel j'entretiens encore une relation intime et houleuse. Il ne me reste plus qu'à trouver le chamane en Amérique du Sud et à vendre ma voiture pour payer le billet d'avion. Tout va bien.

Mon entourage proche est également informé et les réactions vont bon train. À vue de nez, je dirais qu'environ soixante-quinze pour cent de mes connaissances m'envient et m'encouragent :

— C'est génial, c'est super. Oh la la, quelle aventure ! Tu nous raconteras, hein ?

Les vingt-cinq pour cent restant, dont mes parents, expriment leurs peurs :

– Mon Dieu, mais que va-t-il t'arriver ? Tu te rends compte ? Une femme seule… dans un pays inconnu… et en plus, tu ne parles pas leur langue… et en plus, il y a plein de bêtes bizarres là-bas et puis il y a des maladies. Tout est en ordre pour tes vaccins ?

Ciel, les vaccins ! Je n'y avais absolument pas pensé. Je vérifie donc sur internet si certains d'entre eux sont obligatoires pour l'Amérique du Sud. Fort heureusement, rien de tout cela. Je peux partir sans produits toxiques injectés dans le corps.

Je refuse de laisser les peurs de certains s'insinuer en moi. Ma mère, fidèle à elle-même, se lamente et elle entreprend une énième tentative désespérée de chantage affectif. Mes parents vivant à plus de huit cents kilomètres, notre conversation est téléphonique :

– Mais tu te rends compte ma chérie comme je suis inquiète ? me demande-t-elle.

– Oui, je m'en rends compte.

– Et tu ne vas rien faire pour me rassurer ?

– Quoi que je te dise, tu seras inquiète, car tu es toujours inquiète. C'est dans ta nature. Que puis-je donc faire pour que tu cesses de t'inquiéter ?

– Et bien… Tu pourrais ne pas partir ou alors partir avec Ludovic !

– Je te rappelle que Ludovic et moi avons divorcé. Et puis, crois-tu vraiment que c'est ça que j'ai envie de faire ? Je t'ai déjà expliqué le but de ce voyage. J'ai besoin d'être seule pour vivre ce que j'ai à vivre, pour me retrouver.

Pas un seul instant je n'ai dit à ma mère que je partais pour mourir et renaître. Je sais qu'elle est incapable de comprendre le langage symbolique et je refuse de l'affoler encore plus qu'elle ne l'est déjà.

– Oui, je sais. Mais moi, ça me rassurerait que tu ne sois pas seule. Et puis qu'est-ce que tu veux retrouver ? Tu n'as pas besoin de changer quoi ce soit dans ta vie. Pourquoi veux-tu encore tout bousculer ?

– Qu'est-ce que tu ne comprends pas dans la phrase : moi, j'ai besoin d'être seule ? En fait, ce que tu cherches à me dire c'est que pour que toi, tu sois rassurée, moi, je ne dois pas respecter ce que dont j'ai besoin et envie. C'est ça ?

– ... Mais moi ça me rassurerait, insiste-t-elle.

Avec ma mère, le dialogue a toujours été un dialogue de sourds. Rien ne passe. Elle refuse de comprendre et ce qui me désole par-dessus tout, c'est qu'elle ne fait même pas l'effort d'essayer. Mais en a-t-elle seulement la capacité ? Je suis convaincue que ma mère est embarquée par ses propres tourments et qu'elle n'a pas encore trouvé le moyen ou l'envie d'en sortir. Certaines personnes se complaisent dans une vie malheureuse, c'est ainsi. Mais dois-je pour autant suivre la voie que ma mère s'est choisie ? J'aime infiniment ma mère comme j'aime l'humanité tout entière et toutes les formes incarnées de la création. Mais dois-je pour autant continuer à sacrifier ce que me dicte mon Cœur pour accompagner l'autre dans sa vérité et dans ses expériences ? La vie me pousse à grandir, c'est instinctif, c'est dans l'ordre des choses. Je sais pertinemment que si je continue de résister, je continuerai à me faire mal et je n'en peux plus d'avoir mal, j'en ai assez de me maltraiter.

Je finis donc la conversation avec plus de fermeté :

— Je pars et je comprends que tu sois inquiète, mais c'est ainsi. Tu as le droit d'être inquiète, mais cela t'appartient. Tu peux choisir de ne pas l'être, tu peux choisir de te réjouir pour moi, de faire confiance en ma bonne étoile. Quoi qu'il en soit, je pars et je refuse de prendre le risque d'être contaminée par tes inquiétudes. Inutile donc de m'appeler ou de m'envoyer des e-mails. Je ne te répondrai plus jusqu'à ce que je sois revenue de mon voyage.

Certains d'entre vous se disent peut-être que je suis dure avec ma mère. Avant de me juger, je vous invite à chausser mes mocassins. Cela veut dire qu'avant de donner son avis sur les comportements d'une personne, sur ses réactions, il serait bon de se mettre à sa place et de s'imaginer comment nous réagirions si nous avions vécu sa vie. Je vous invite donc à une petite expérience d'état modifié de conscience. Je vous invite à faire appel à votre imagination pour créer, dans votre esprit, la scène suivante.

Imaginez que vous êtes sur une plage de sable fin, face à la mer. La météo est magnifique, le soleil brille et vous vous sentez merveilleusement bien. Pour couronner le tout, vous êtes sur cette plage en compagnie de l'être que vous aimez le plus au monde, votre conjoint(e), votre enfant, votre mère, votre père peut-être ou même votre animal de compagnie. Par la puissance de votre esprit créatif, faites l'expérience de vous mettre totalement dans cette situation. Si vous vous appliquez bien comme il faut, cette situation sera perçue par tous vos sens comme étant réelle dans l'instant même où vous l'imaginez et vous serez alors capable de sentir la chaleur du soleil sur votre peau, d'entendre le bruit doux et régulier des vagues et de vivre la sensation du bonheur d'être là, sur cette plage, avec l'être qui est le plus important pour vous, celui que vous aimez plus que tout au monde. Tout est absolument parfait. La mer est calme et il vous prend l'envie d'aller vous baigner. L'être qui vous accompagne partage votre envie et voilà que vous vous mettez tous deux à l'eau et que vous nagez vers le large. Imaginez que vous êtes de très bons nageurs et que vous n'éprouvez aucune crainte des fonds marins. Vous êtes bien, le soleil brille, la nature est vivante, abondante et généreuse et vous êtes tous deux pleinement heureux de partager ce moment privilégié. Tout à votre joie, goûtant pleinement ce bonheur suprême – je vous rappelle que tout est parfait dans l'instant – vous vous êtes beaucoup éloigné de la plage. Soudain, l'être qui vous accompagne prend conscience qu'il est épuisé. Il vous le signifie et vous, par amour et sagesse, vous lui proposez alors de nager en sens inverse afin de retourner vers la plage. Après quelques mètres, voilà que votre binôme vous signifie à nouveau qu'il n'en peut plus, qu'il est à bout de forces et qu'il n'arrivera jamais à rejoindre la plage. Vous insistez, vous essayez de le stimuler, rien n'y fait, il est vraiment au bout. Vous le savez, car vous voyez que l'être qui vous accompagne – et qui est celui que vous aimez le plus au monde – se laisse lentement mais sûrement couler. Par réflexe, vous l'attrapez, vous le soutenez et vous vous mettez à nager vers la plage, l'entraînant avec vous. Mais voilà qu'à votre tour vous ressentez une immense fatigue. Vous tentez de stimuler encore votre binôme, mais définitivement, il n'a plus la capacité de nager, il ne peut que se laisser porter par vous ou couler. Vous comprenez alors que si vous continuez à le soutenir, vous allez vite atteindre votre point de non-retour et vous coulerez tous les deux. Mais vous, vous avez encore envie de vivre. Un choix vous est offert : soit vous coulez ensemble soit vous laissez l'être que vous aimez le plus au monde couler et vous tentez de sauver votre peau en nageant vers la plage. Quel choix faites-vous ? Soyez honnête avec vous-mêmes et prenez le temps de bien vous mettre en situation, de bien en faire l'expérience. Imaginez-vous que vous n'avez pas d'autre choix que ces deux-là. Personne n'est là pour vous aider, il n'y a ni bouée ni planche en bois, vous êtes tous deux épuisés, mais vous, vous avez encore suffisamment de ressources pour vous sauver tandis que votre binôme ne peut plus rien faire. La plage est encore loin et même si la mer est belle, ses mouvements ne cessent de vous emmener plus au large. Que faites-vous donc ? Allez-vous suivre l'autre dans son choix de se laisser couler ou allez-vous respecter votre désir de vivre ? Qui aimez-vous vraiment le plus au monde ? L'autre ou vous-mêmes ?

Si vous répondez que vous choisissez de suivre le choix de l'autre parce que l'autre est l'être que vous aimez le plus au monde, je vous dirais alors que ce que vous éprouvez pour lui n'est pas de l'amour, mais de l'attachement. Je vous dirais aussi que vous ne vous aimez pas et que vous n'aimez pas la vie. Pourquoi ? Parce que je vous rappelle ce que j'ai dit plus haut, vous sentez encore en vous, malgré votre très grande fatigue, votre désir de vivre. Et si vous ne respectez pas ce désir, si vous ne répondez pas à l'appel de la vie qui s'exprime à travers vous, c'est donc que vous n'éprouvez pour vous ni amour ni respect. Vous êtes par contre dans la fusion à l'autre, dans la dépendance affective. Sauf que l'autre n'a pas la capacité de vous donner ce que vous désirez dans l'instant. Dans cette situation, l'autre ne peut offrir que la fin de la vie : la mort. Ce n'est pas de sa faute s'il n'a pas la capacité de nager et de vous donner ce que vous souhaitez, c'est simplement qu'il n'en a pas la capacité et il serait injuste de lui en vouloir puisque ce n'est pas de sa faute. Si vous avez donc seulement une once d'amour en vous, si vous en êtes conscient, vous laisserez l'autre vivre son expérience, vous respecterez son choix, quel qu'il soit et vous respecterez le vôtre quand bien même vos choix vous mèneront sur des voies différentes.

Voyez-vous, toutes les expériences que nous vivons à travers nos relations nous renvoient à cela : comment aimons-nous ? S'agit-il de l'énergie d'amour ou du sentiment d'amour ou de l'émotion d'amour ? Aimez-vous ou êtes-vous amoureux ou amoureuse ? La différence est énorme et la barre est placée bien haut, n'est-ce pas ?

Quelle que soit la personne que vous aimez le plus au monde, le lien, l'attachement à cette personne, la fusion, la dépendance affective nous renvoient systématiquement au premier lien que nous expérimentons et dont nous avons physiquement conscience lorsque nous choisissons de nous incarner : le lien à la mère. Lorsqu'un fœtus se développe dans l'utérus, il est relié au placenta par le cordon ombilical indispensable pour lui apporter l'oxygène et les nutriments nécessaires à son développement. Il est intéressant de noter que le cordon ne se forme que pendant la quatrième semaine de grossesse. Ensuite, l'enfant une fois né, que fait-on ? On coupe le cordon et le bébé entreprend alors son chemin vers l'autonomie et l'individuation. Toutefois, le lien énergétique est toujours présent et il est illusoire de se dire que celui-ci est définitivement rompu si l'on cesse d'être en relation avec quelqu'un. Nous sommes tous reliés et si nous éprouvons une fusion vis-à-vis de quelqu'un et que cette fusion ne nous convient pas ou plus, nous n'avons alors que la possibilité de transformer le lien et non de le couper.

Voilà exactement ce que je désire expérimenter en partant en Amérique du Sud. J'ai tenté, moi aussi, de couper le lien entre ma mère et moi, entre Ludovic et moi, entre tous les êtres et moi et j'ai bien dû abdiquer face à cette réalité : nous sommes tous reliés. Si je vis donc un attachement à l'autre et si cet attachement ne me convient pas ou plus, comment donc puis-je le transformer afin de vivre plus libre ? Comment puis-je laisser s'exprimer celle que je suis, ressentir tout ce que je ressens, sans considérer cela comme un fardeau, sans que je me condamne parce que je suis impuissante à sauver l'autre malgré lui ? Je sais pourtant si bien que nous avons tous la capacité de choisir et que tout choix est juste. Mais comment, à chaque instant, accepter le choix de l'autre sans me sentir obligée de le suivre et de couler avec lui ? Comment aimer la vie et la respecter ? Comment défusionner et surtout, comment cesser de me sentir coupable ? Coupable d'exister, coupable d'être différente, coupable de vouloir faire autrement que le plus grand nombre, coupable de vouloir, plus que tout, vivre !

Certaines personnes se disant spirituellement élevées et éveillées m'ont conseillé de pardonner à ma mère et de me pardonner à moi-même. Mais pardonner quoi ? Si je pardonne à ma mère, cela revient à considérer qu'elle a fait des erreurs ou qu'elle est encore peut-être dans l'erreur. Idem si c'est à moi que je pardonne. Et si je considère que l'une ou l'autre d'entre nous – voire les deux – a fait des erreurs, cela revient à dire que je suis dans le jugement et donc, dans la séparation. Paradoxe, non ? Alors plutôt que le pardon, je m'essaye à la gratitude. J'apprends à la remercier et je me remercie d'avoir vécu et partagé des moments ensemble, peu importe si ces moments étaient agréables ou désagréables. Aujourd'hui toutefois, je reconnais qu'être en contact avec ma mère ne m'apporte globalement aucune joie, aucun plaisir et je préfère consacrer mon temps et mon énergie dans des échanges et des partages avec des personnes qui m'amènent à grandir par la douceur et non plus dans la douleur. Ce n'est donc pas en reniant ma propre nature, mes propres besoins et mes propres désirs que je pourrai soulager les souffrances que ma mère s'inflige à elle-même. Je cesse de porter le poids de ses souffrances, j'ai déjà bien assez à faire avec les miennes.

Je pourrais en dire tout autant de mon père, mais son mode de fonctionnement étant différent de celui de ma génitrice, il respecte mon silence et mon besoin de distance sans tenter de recréer une fusion perdue. Pourtant, alors que le lien à la mère est physiquement visible, que dire du lien qui nous relie au père ? Le lien énergétique au père est tout aussi présent et le premier abandon que nous vivons est celui qu'il se passe lorsque le père a fini de déverser sa semence. Ce lien est plus subtil et nous n'y prêtons donc que peu d'attention et pourtant... Le lien au Père... Ça vous fait penser à quoi ?

En fait, je peux dire que je suis née orpheline, sans maman et sans papa, juste avec une mère et un père, des géniteurs quoi. Ils ont toujours été absents. Ma mère a toujours été coincée dans sa tête et dans ses angoisses. Vous savez, la fameuse barrière mentale/émotionnelle. Mon père a toujours gardé ses distances par rapport à sa progéniture travaillant durement pour faire vivre sa famille.

Il n'y a donc rien de différent pour moi aujourd'hui, j'ai dû m'élever seule et je continue à le faire. Ma mère n'a jamais été là pour combler mes besoins primaires de sécurité et d'affection et maintenant, c'est moi qui ne suis plus disponible pour répondre à son besoin de calmer ses craintes et ses tourments. Je défusionne enfin, quoi de plus naturel. Le seul truc que je désire découvrir, c'est comment accepter cet état de fait ? Comment accepter ce qui est en lâchant toute vaine attente, tout fantasme de ce qui n'a jamais été et qui ne sera jamais ? C'est seulement alors que je pourrai connaître la satisfaction de vivre ce qui est, dans l'instant. Faire le deuil d'un idéal inatteignable. Mais comment faire pour lâcher prise ? Aucune solution mentale n'existe, aucun mode d'emploi. N'y aurait-il qu'à accepter ce qui est ? Pourquoi lutter encore ? Ne serait-ce pas mon Ego qui désire maintenir une sorte de pouvoir en souhaitant l'inaccessible ?

Plus jeune, embourbée dans mes émotions, j'en ai effectivement longtemps voulu à mes parents d'être incapables de me donner tout l'amour et la protection dont j'avais besoin et je suis parfaitement consciente que tout n'est pas encore digéré. Cela ne veut pas dire qu'ils n'ont rien fait pour moi. Je le répète, ils ont fait de leur mieux et il m'a fallu du temps pour le comprendre et l'accepter. Aujourd'hui, je reconnais enfin que je les aime et j'ose l'exprimer. Je les aime d'un amour véritable et non plus conditionné. J'apprends encore à me détacher de mes attentes. Je fais le deuil de l'image des parents idéaux, je fais le deuil de l'image de la fille parfaite qui doit faire ceci ou cela pour être – peut-être – aimée. J'apprends à accepter qu'ils en soient là où ils en sont et que moi aussi, j'en suis là où j'en suis. Tout est bien. Nos points de vue ont toujours été divergents et je comprends maintenant que j'ai le droit de penser différemment. Nos routes sont devenues parallèles et par définition, des routes parallèles ne se croisent pas. Nous sommes tous de passage, nous nous croisons, mais nous ne cheminons jamais ensemble tout le temps sur une voie unique.

C'est vrai que j'ai un Ego fort et puissant, que j'ai ce que l'on appelle du caractère et je me dis qu'au final, c'est tant mieux. Car la puissance de l'Ego est indispensable pour ordonner et collaborer avec les énergies des autres dimensions. Dans ce que nous nommons communément l'au-delà, cessez donc de croire que tout est tout beau et tout rose. Certaines entités, parce qu'elles sont justement débarrassées des limites de leur forme incarnée, sont des adversaires redoutables avec lesquels il nous faut combiner et ce n'est pas en s'excusant d'être là que l'on obtient ce que l'on désire. Ce qui me surprend encore, c'est ma capacité à être efficace et redoutable au cours des soins que je pratique alors que sur le plan humain je suis affectivement immature et que je m'excuse tout le temps de déranger et de vivre. L'équilibre est entre les deux, n'est-ce pas ? Ni trop ni trop peu.

Et maintenant... que vais-je faire ?

Lorsque nous faisons des choix dans notre vie et lorsque ces choix sont en accord avec ce qui est et ce qui doit être, tout devient facile et comme nous sommes branchés sur cette fréquence, nous créons les situations et nous voyons les signes qui nous encouragent à avancer sur la voie choisie. Me voici donc fin prête à partir.

Premier signe : un appel téléphonique. Une femme me contacte et me demande un rendez-vous pour une consultation. Je regarde mon agenda et je l'entends me demander :

– Vous êtes où exactement ?

– En Haute-Savoie, entre Annecy et Aix-les-Bains.

– Oh ! s'exclame-t-elle, c'est loin de chez moi.

– Vous êtes où ?

– Moi, je suis à Aix-en-Provence.

Je suis surprise.

– En effet, ce n'est pas à côté. Mais il est indiqué sur mon site internet que je consulte en Haute-Savoie. Vous ne l'avez pas lu ?

– Ah non ! Je n'ai pas regardé votre site internet, me répond mon interlocutrice. Ramon m'a dit que c'était vous que je devais aller voir alors, je vous appelle. Vous connaissez Ramon ?

– Euh non, je ne connais pas Ramon, dis-je à la femme. Mais comment me connaît-il lui ?

– Ah ! Il n'a pas dit qu'il vous connaissait, mais il m'a dit que c'était vous que je devais aller voir.

Mon étonnement grandit encore et je me demande si je n'ai pas affaire à une dingue.

– OK j'entends bien, mais... vous pouvez m'en dire plus ? Vous pouvez m'expliquer dans quelles circonstances il vous a dit de venir me voir ?

– Et bien voilà, Ramon était en France la semaine dernière et j'ai pu le rencontrer. J'ai de gros soucis dans ma vie et je lui ai demandé s'il pouvait m'aider. Il m'a dit que non, que j'avais besoin d'un suivi régulier et que je devais aller voir quelqu'un en France qui parle ma langue et que je puisse consulter régulièrement. Le lendemain, je suis retournée le voir avec une liste de noms que j'avais trouvés sur internet. Il a pris ma liste et sans la lire, il a posé son doigt juste sous votre nom et il a dit : «C'est elle que tu dois voir, c'est elle qui peut t'aider.» Moi, j'étais hallucinée vous comprenez, parce que dans la liste il y avait des noms d'hommes et de femmes et qu'en plus il n'a pas lu ce qui était écrit. Et puis Ramon, il parle espagnol et pas français, mais comme il a dit que c'était vous, alors c'est que c'est vous. J'ai une totale confiance en Ramon.

La femme a tout débité sans reprendre son souffle et moi aussi, en entendant ses explications, j'hallucine. Je ne connais pas Ramon, je n'ai jamais entendu parler de lui, il ne lit pas les noms et il dit que c'est moi que cette personne doit rencontrer. OK. Le hasard n'existant pas, j'accueille l'info.

Deuxième signe : je sors de mon cabinet après une courte journée de consultations. J'ouvre la porte qui donne sur la rue et sur le trottoir, pile en face de moi, à l'arrêt, un homme de type sud-américain me regarde en souriant. Je marque à mon tour un temps d'arrêt et avant que j'aie pu ouvrir la bouche, l'homme s'éloigne d'un pas décidé. Je le regarde partir et je souris aussi. On dirait bien que mon choix d'aller en Amérique du Sud soit en accord avec ce que l'Univers a prévu pour moi.

Troisième signe : je reçois dans ma boîte mail perso une invitation, à mon nom, à participer, au Pérou, à un pèlerinage de quinze jours sur les traces des chamanes mayas. Je réponds à l'e-mail en demandant à l'homme qui m'a contactée pourquoi il m'a contactée moi, personnellement, alors que je n'avais jamais entendu parler de lui auparavant. Il me répond rapidement par écrit :

– J'ai été guidé par les Esprits, nous avons besoin de toi ici.

Tout semble se précipiter, mais je ne sens pas le truc. Je ne participerai pas à ce pèlerinage, mais je me dis que le Pérou est sans doute une piste à explorer. Oui, mais le Pérou, c'est grand. Vers quel chamane vais-je me diriger ? Je laisse le temps au temps, je sais que la réponse est en train d'arriver.

Quatrième signe : pour une consultation, je me rends au domicile d'une femme atteinte de phobie sociale. Elle m'accueille d'emblée en me disant que c'est son médium qui vit aux États-Unis qui lui a dit de me contacter et que j'étais celle qui pouvait l'aider. Alors là, je me dis que ça commence à être gros, vraiment très gros. Pendant une fraction de seconde, je me demande lesquels de mes amis se sont organisés pour me faire tourner en bourrique. Je questionne toutefois poliment la femme :

– Et votre médium, il s'appelle comment ?

– Jean-Michel, répond-elle.

– Il est donc Français ?

– Oui oui, il vit aux USA depuis environ douze ans et je le connaissais déjà avant qu'il ne parte là-bas. Il m'a dit que c'était vous qui alliez m'aider. C'est vrai que vous allez bientôt partir en Amérique du Sud ?

Silence. Plus rien ne m'étonne, mais je lui demande toutefois curieusement :

– Comment vous le savez ?

– C'est Jean-Michel qui me l'a dit. Vous partez bientôt ? Parce que moi j'aimerais savoir si on peut faire plusieurs séances avant votre départ.

Et bien entendu, vous l'aurez deviné, je ne connais aucun Jean-Michel qui aurait vécu en France et qui serait parti s'installer aux USA. D'ailleurs je ne connais aucun Jean-Michel tout court. Mais voilà, je ne doute pas. Blague ou pas de mon entourage, je choisis de me fier aux signes. Je ne sais toujours pas quand je pars et où je pars, je sais seulement que je pars. Tout de même, quatre signes en moins de deux semaines, ce n'est pas rien. Si certaines personnes ont tenté de me jouer un tour en pensant me décourager, elles ont raté le coche.

Avec les années, j'ai parfaitement fini par comprendre l'expression «le cordonnier est le plus mal chaussé». J'ai en effet la capacité de tout prévoir et de tout savoir avant que cela n'arrive, mais voilà, je le fais pour les autres et pas pour moi. C'est exactement la même chose pour les soins. Je sais pertinemment bien que mon corps et mon Âme ont besoin que je prenne soin d'eux et que je me pose et pourtant, je passe outre. Je ne tiens pas compte des signes tout occupée que je suis à prêter attention aux autres et à répondre à leurs attentes avant même de satisfaire les miennes. Ce voyage est vraiment un énorme pas en avant dans la reconnaissance et le respect de mes besoins et de mes désirs. En même temps, c'est comme si je sentais que je n'avais pas vraiment le choix. J'ai sans cesse la sensation qu'un gros poing fermé appuie sur le bas de mon dos et me pousse à avancer. Freiner des deux pieds est totalement inutile, la force qui me pousse est plus puissante que mon Ego rebelle et que ses nombreuses peurs.

Le dimanche suivant est calme et je décide de le passer sur internet à surfer à la recherche de mon chamane. J'allume l'ordinateur, je tape «chamane» et «Amérique du Sud» dans le moteur de recherche et les liens apparaissent. Je clique sur le premier sans vraiment lire le résumé et je vois la photo couleur du visage d'un homme qui porte une coiffe traditionnelle. Je le reconnais ! C'est lui ! C'est mon chamane ! Son énergie résonne avec la mienne, son visage souriant m'est familier.

Ça y est, je l'ai trouvé ! Je fais rouler la molette de ma souris pour voir ce qu'il y a sous la photo et là, je vois un nom : *Uwishin* Ramon. Ramon... Serait-ce le même Ramon que celui dont m'a parlé au téléphone la femme volubile d'Aix-en-Provence ? Je suis en mode «enfant qui découvre les cadeaux posés au pied du sapin de Noël avant même de savoir ce que contiennent les paquets».

Je découvre rapidement que ce Ramon, mon Ramon, mon chamane, fait partie du peuple Shuar et qu'il est en Équateur et non au Pérou. Bon OK, l'équateur est une ligne imaginaire qui coupe la terre en deux parts égales, mais à part ça... le pays... il est en Amérique du Sud ou en Amérique Centrale ? Et il est où par rapport au Pérou ? Peu importe, c'est Ramon que je dois voir, le reste n'a que peu d'importance. Je découvre dans la foulée qu'un homme, atteint d'un cancer, est allé le voir et qu'il en est revenu guéri. Je prends note de tous les détails qui peuvent m'être utiles et j'envoie illico un e-mail à un français, Pierre-Marie, président d'une association qui soutient les médecines traditionnelles des Indiens d'Amazonie. Il semble être en lien régulier avec Ramon et je lui demande comment je pourrais contacter directement le chamane. Il ne me reste plus qu'à attendre.

Lundi matin. Moins de vingt-quatre heures après l'envoi de mon e-mail, je reçois une réponse. Oui, Pierre-Marie est toujours en contact avec Ramon ; oui, il le connaît très bien ; oui, il me donne son adresse mail perso et oui, il répondra à toutes les questions que je pourrais me poser. Il me précise également que je dois m'organiser pour réserver une chambre d'hôtel parce qu'il ne sera absolument pas possible de dormir chez le chamane qui vit avec sa famille et puis si je ne parle pas espagnol, ça va tout de suite être un peu plus compliqué.

J'entends et accueille les conseils et recommandations de l'homme, mais voilà, je n'envisage pas du tout de dormir à l'hôtel. Moi, ce que je veux, ce dont j'ai besoin, c'est d'aller en forêt.

– Pas possible, pas possible, me répond Pierre-Marie par e-mail. Vous êtes une femme, ce sera la première fois que Ramon vous verra, vous serez seule, vous ne pourrez jamais aller en forêt.

OK. Je le remercie très poliment et le laisse à ses croyances issues de son expérience et de sa vision du monde et j'envoie un e-mail à l'*uwishin*, en espagnol. Merci les traducteurs gratuits du net.

La réponse du chamane me parvient deux jours plus tard. Waouh ! Quand cela va vite et que c'est facile, c'est que c'est juste ! Je me frotte les mains. Cette fois, le traducteur automatique ne m'est d'aucune aide pour comprendre la réponse de Ramon et je contacte fissa une de mes connaissances, prof d'espagnol au lycée de la ville. Elle me répond en m'envoyant la traduction du message de l'*uwishin*. En bref, Ramon est OK, mais il précise tout d'abord qu'il est important que je lui fasse confiance et qu'il me fasse confiance et si cela me convient alors, il m'attend chez lui, à Guarida, le lundi matin six février. Il m'accompagnera pendant dix jours et indique son tarif pour la prestation. Il joint également à son message le menu des plantes que je vais expérimenter et termine en parlant d'une cascade. Aussitôt l'e-mail reçu de ma traductrice, j'envoie ma réponse à Ramon : c'est OK ! J'ai une totale confiance en lui et il peut avoir confiance en moi, je serai là à la date prévue, je lui paierai le tarif demandé, je suis prête à expérimenter toutes les plantes qu'il veut et même la cascade. J'omets intentionnellement de lui parler de mon désir d'aller en forêt, nous verrons cela sur place. Il me répond une nouvelle fois rapidement en m'envoyant tous les détails pour le voyage une fois que je serai arrivée sur le sol équatorien : cars, bus, taxis, hôtel, etc., etc.

Bon ben voilà, il me reste deux mois pour vendre ma voiture, prendre mon billet d'avion, préparer mon sac à dos et tirer ma révérence. Tout excitée par cette nouvelle aventure qui pointe le bout de son nez, je me laisse soudainement surprendre par une peur énorme dont je n'avais même pas soupçonné l'existence : et si je n'arrivais pas à vendre ma voiture pour rassembler l'argent nécessaire qui paiera le vol ? D'autres peurs se joignent à la première, histoire de l'alimenter. Et si Ramon changeait d'avis et qu'il avait mieux à faire que de m'accompagner ? Et s'il y avait une grève dans les aéroports ? Et si la terre cessait de tourner sur elle-même ou autour du soleil ? Et si... Et si... Et si...

Les peurs me figent un court instant, je suis carrément tétanisée, je ne peux même plus bouger physiquement. Je prends une longue et profonde inspiration et lorsque je commence à expirer en conscience, je sens le poing puissant et doux à la fois qui me donne une légère impulsion dans le bas du dos. J'avance alors et la confiance reprend peu à peu le dessus.

Le passage

31 décembre

J'ai déjà organisé et conduit quelques week-ends de découverte du chamanisme dans divers lieux. Un de ces lieux se situe dans le département de l'Ain. Les propriétaires actuels, Émeric et Joachim, ont acheté une ancienne ferme pour en faire un centre de ressourcement. Leur projet est en plein développement et le lieu accueille déjà quelques groupes pour des séminaires et des stages. Des événements sont également proposés tel que le réveillon de la nouvelle année.

Ayant déjà animé un week-end en ce lieu, les propriétaires m'envoient une invitation pour participer au réveillon. Outre le fait de passer un bon moment en agréable compagnie, Émeric et Joachim ont eu une ingénieuse idée : toute personne qui participe à la soirée a la possibilité de proposer une activité à laquelle tous les autres invités pourront se joindre. J'en parle à Ludovic, mon ex-mari – devenu après notre divorce mon compagnon dans une relation du genre «je t'aime moi non plus» – et nous choisissons de nous inscrire. Mais que vais-je bien pouvoir proposer au cours de cette longue soirée à venir ? Je contacte Émeric par téléphone et lui parle d'organiser une transe chamanique. Il ne me demande aucune explication et trouve l'idée absolument géniale. Il me précise toutefois qu'il ne sait pas de quoi il s'agit et me questionne sur le lieu qui conviendrait le mieux, si j'ai besoin de matériel et quel moment de la soirée serait le plus approprié. Nous convenons ensemble que la transe sera conduite en tout début de soirée, dans une salle – donc à l'intérieur – et que le matériel nécessaire consiste en quelques coussins ou tapis pour celles et ceux qui souhaitent être assis plus confortablement ainsi que quelques tambours et hochets chamaniques. Je propose également que les autres participants soient invités à venir avec leurs propres tambours et hochets ou maracas, s'ils en possèdent.

En milieu d'après-midi, Ludovic et moi arrivons au centre. Nous faisons connaissance avec les premiers autres invités, certains arriveront un peu plus tard. L'ambiance est à la fois légère et profonde. Les propriétaires, comme à l'accoutumée, ont fait les choses avec goût. Ils sont tous deux adorables, d'une tolérance et d'une ouverture d'esprit qui en ferait rêver plus d'un. Nous apprenons que nous serons plus de quarante personnes pour fêter le passage d'une année à l'autre. Émeric m'annonce également qu'un de leurs amis, Jacopo, chamane d'origine franco-italienne et installé au Pérou depuis plus de vingt ans, va se joindre à nous.

– Et toi ? me dit-il, où en es-tu de tes préparatifs pour ton voyage prochain en Équateur ?

– Ben... ça suit son cours. Je n'ai toujours pas vendu ma voiture donc je n'ai toujours pas mon billet d'avion.

– Mais tu pars dans un peu plus d'un mois, c'est ça ?
– Oui, c'est ça. Ça va se faire. J'y crois.
– Tu as raison, restes positive. Parles-en à Jacopo, peut-être qu'il pourra t'aider et te donner des conseils. Enfin... si tu en as besoin.

En fin de journée, tous les invités sont arrivés. Il ne manque plus que Jacopo, le chamane. Édouard, un autre homme qui pratique le chamanisme depuis quelques années et que j'ai rencontré à plusieurs reprises, est également présent. Il va proposer une activité et me demande si moi aussi, j'en propose une.

– Oui, je vais conduire une transe, lui dis-je.
– Oh ça c'est super. Je serai présent, mais je ne sais pas si je pourrai y participer activement. Je viens d'animer tout un week-end avec hutte de sudation et je suis épuisé. Mais je serai là, c'est sûr.

Je le remercie puis j'échange avec quelques autres invités et découvre peu à peu les activités qui seront proposées : découverte du Qi Gong, massage Tui Na, chants, danses, cérémonie du passage du 31 décembre au 1er janvier, initiation au Kundalini Yoga et d'autres encore. Le ventre vide depuis le matin – je déconseille vivement à quiconque veut vivre une transe comme je les conduis de le faire le ventre plein – je commence à être un peu nerveuse. Je suis impressionnée par le nombre de personnes présentes et je sens déjà que si certaines vivront pleinement la pratique, d'autres se sentiront heurtées dans leurs croyances. Alors que tout le monde entame l'apéro, je décline poliment. L'alcool est, lui aussi, fortement déconseillé.

En pleine préparation introspective pour l'événement que je propose, je navigue entre les invités et soudain, je le vois, il est là. Le chamane annoncé, Jacopo, vient d'arriver. Je ne l'ai jamais rencontré physiquement, mais je le reconnais tout comme j'ai reconnu Ramon sur la photo. J'ai alors la sensation que mon environnement disparaît, je n'entends plus les bruits des conversations, les couleurs et les lumières de la pièce s'estompent, les murs aussi, le sol, le plafond. Je me dirige vers lui et il me regarde intensément. J'ai vaguement la conscience que les personnes qui se trouvent entre lui et moi s'écartent de mon chemin et un passage s'ouvre naturellement. Alors que mon cœur battait à tout rompre, préoccupée que j'étais par la transe à venir, je sens que son rythme est maintenant calme et régulier. Tout est blanc. Des larmes coulent de mes yeux sans que je cherche à me cacher ou à les retenir. En silence, nous nous étreignons, longuement, une éternité.

Après l'étreinte, je prononce mes premières paroles :

– Comment fais-tu pour ne plus avoir peur d'eux, de tous ces humains ?

Il tient mes mains dans les siennes et plonge son regard dans le mien. Il répond :

– J'ai toujours peur d'eux, mais j'accepte cette peur et j'apprends à vivre avec elle. Elle fait partie de l'expérience.

Je comprends ce qu'il vient de me dire. Son message a traversé tout mon être et s'est inscrit dans chacune de mes cellules. Je suis instantanément soulagée. Voilà des années que je tente de cesser d'avoir peur, que je tente de transcender cette peur par tous les moyens, je n'avais encore jamais essayé de l'accepter et de l'accueillir. Ce n'est pas en rejetant une énergie que l'on peut lui permettre d'être transcendée, mais bien en l'accueillant dans son Cœur. Nous poursuivons notre échange et je lui annonce mon prochain départ pour l'Équateur. À ce moment, silencieux, il m'écoute attentivement.

Les propriétaires du lieu interrompent les conversations pour nous annoncer que la soirée commence. Je vais me préparer dans la salle à l'étage avant d'être rapidement rejointe par tous les invités. À nouveau un peu nerveuse, j'invite les participants à s'asseoir en cercle puis je m'assieds à mon tour, au centre, sur les talons. Silence. Les lumières sont éteintes et seules quelques bougies nous permettent de nous repérer dans l'espace. Je respire profondément et je prends la parole, dans un calme qui me surprend moi-même :

– Que celles et ceux qui ont un tambour ou un hochet l'utilisent. Pour les autres, il y a quelques instruments à votre disposition. Comme vous le voyez, je porte un costume pour conduire la transe. Le manteau, chargé d'objets, de symboles, a pour effet de concentrer mon énergie, mais aussi de me protéger des énergies extérieures qui se manifesteront pendant la pratique. La coiffe que je mettrai sur ma tête après vous avoir parlé va masquer ma vision physique favorisant ainsi la vision intérieure, plus inspirée. Je vais commencer à jouer avec mon tambour et je vous invite toutes et tous à suivre le rythme. Soyez sans crainte, laissez-vous porter, tout le monde sait jouer du tambour. Lorsque j'entrerai en transe, je lâcherai mon instrument et si vous souhaitez le prendre pour l'utiliser, faites-le sans hésiter, vous avez mon accord. Poursuivez le rythme sans vous arrêter. Parmi vous, il y a des personnes qui ont une très grande expérience du chamanisme. Ces personnes savent ce qu'il faut faire et si vous vous laissez porter par l'énergie du moment, vous les suivrez naturellement. Il n'y a rien à forcer, vous verrez, c'est facile. Il est possible et même probable que certaines personnes plus sensibles que d'autres entrent, elles aussi, en transe. Ludovic, mon compagnon ici présent, est là pour veiller sur ces personnes afin qu'elles ne se blessent pas. Accueillez ce qui vient, acceptez que chacune et chacun vive cette transe à sa façon. Ne tentez pas d'interférer. Tout ira bien.

Dans la foulée, je mets ma coiffe et joue de suite du tambour. Tout va très vite, la transe est instantanément puissante. Les Esprits, entités énergétiques, sont nombreux à se présenter. Je les laisse me guider sans jamais me laisser posséder par eux. Je garde toujours la conscience de ce qu'il se passe, de ce que je vis, des réactions de la personne vers laquelle j'ai été guidée et qui bénéficie de mon attention dans l'instant. J'ai conscience également de tout mon environnement, des quelques personnes qui quittent la salle, pile celles que j'avais repérées dans l'après-midi. Certains participants entrent à leur tour en transe, pleurent, rient, crient, se métamorphosent. Mon propre corps se tord, prenant des positions impressionnantes qu'il m'est impossible d'effectuer en temps normal. Les tambours sont nombreux, le rythme est soutenu. Ludovic gère parfaitement le public. La transe dure quarante minutes et je savoure chaque seconde pendant laquelle mon Ego est laissé de côté. Comme il est bon de n'avoir d'autre existence que celle d'un canal, d'un instrument, d'un outil.

Silence. Les lumières sont toujours éteintes, chacune et chacun prend le temps de revenir pleinement dans l'ici et maintenant. J'attends patiemment, au centre du cercle. Je reprends mon souffle, je prends acte des douleurs présentes et des hématomes futurs qui se sont inscrits dans mon corps. Je me sens si bien, si calme et si détendue. Je n'ai ni faim ni soif, je ne ressens aucun vide, aucun manque. Les transes me nourrissent, toujours. Les participants quittent la salle, chacun part à son rythme. Rendez-vous est donné au rez-de-chaussée pour entamer le repas et poursuivre la soirée.

Plutôt que de descendre directement, quelques personnes viennent vers moi et nous nous étreignons en silence. Je reçois également des remerciements. Édouard s'approche et me serre dans ses bras :

— C'est incroyable, dit-il. Je t'assure que j'étais épuisé. Je ne me sentais pas capable de participer, de suivre le rythme et tu m'as emmené. Quelle puissance ! Ça m'a fait tant de bien, je me sens beaucoup mieux maintenant, reposé. Merci.

Je lui souris en retour. Puis vient Jacopo. Il prend à nouveau mes mains dans les siennes :

— Tu oses, c'est bien. Tu assumes ton animalité. L'ayahuasca saura te reconnaître, n'aie pas peur. Toutefois, je te mets en garde : fais attention lorsque tu pratiques tes transes. Tout le monde n'est pas prêt à comprendre ce qu'il se passe. Ne donne pas de perles aux pourceaux, ils pourraient ensuite s'en servir pour te nuire.

Je le remercie pour son message qui, comme le précédent, pénètre jusqu'au cœur de chacune de mes cellules.

1er janvier

Milieu de matinée. Alors que la plupart des invités sont partis, je traîne un peu. Je n'ai pas envie de quitter ce lieu où j'ai vécu le plus magique des réveillons. Jacopo est encore là, il me regarde et me sourit puis s'approche de moi. Comme je vais prochainement m'envoler pour l'Équateur, il me propose de me prédire l'avenir avec ses deux jeux de Tarot. Le premier est un Tarot classique, l'autre a été créé et dessiné par ses soins. Bien entendu, ravie et honorée du cadeau, j'accepte sans hésiter.

Avant de commencer, il me rappelle bien que ce qu'il va me dire est une vérité ici et maintenant, dans l'instant, et qu'une fois cette vérité révélée, portée à la conscience, il est possible de changer le cours des événements si c'est ce que je désire faire. Mais il ne s'agit pas de vouloir quelque chose avec la volonté unique de l'Ego. Il s'agit bel et bien d'être en accord avec l'Âme.

Il me parle de mon passé, de mon présent et d'un futur potentiel. Il aborde tous les sujets et je m'intéresse plus particulièrement aux deux thèmes qui me préoccupent actuellement : mon voyage en Équateur et ma relation de couple.

– Ton voyage se passera bien, tu peux partir tranquille, m'annonce-t-il sans hésitation.

– Je vais donc bien partir ? Je vais réussir à vendre ma voiture ?

– Ne te préoccupe pas des détails matériels. Tu partiras et tout ira bien. Fais confiance. Ce qui est important dans ton voyage, c'est autre chose.

Il marque un temps d'arrêt pour s'assurer d'avoir toute mon attention :

– Il faut que tu saches que tu trouveras ce que tu vas chercher et ce sera pour toi un grand bonheur, une libération. Mais je te mets en garde face aux hommes que tu rencontreras là-bas. Certains d'entre eux voudront s'approprier ton pouvoir afin d'augmenter le leur. Vis ce que tu as à vivre, sans te poser de questions, mais garde ton pouvoir. Laisse les hommes te ranimer, laisse-les te ramener à la vie. C'est par eux que tu retrouveras ton pouvoir, mais une fois que tu l'auras récupéré, ne leur laisse pas.

Je suis intriguée par les paroles du chamane, mais je refuse de poser des questions. Je sais que je comprendrai le moment venu, lorsque je serai prête. Le tirage terminé, alors qu'il commence à ranger ses cartes et qu'il n'a pas expressément abordé le sujet, je lui demande où en est ma relation de couple et il me répond :

– Cela te préoccupe n'est-ce pas ? Cela te préoccupe depuis de nombreuses années et tu tournes en rond. Tu aimerais quitter l'homme qui est en ce moment à tes côtés, mais quelque chose t'en empêche et du coup, tu n'es plus certaine de vouloir le quitter. Tu es partagée et la division intérieure est toujours inconfortable, pour tout le monde. Cesse d'y penser, laisse les choses se faire sans plus t'en préoccuper. En octobre de cette année, tu sauras si ta relation avec cet homme va se poursuivre ou si elle cessera. Dans un cas comme dans l'autre, ce sera définitif.

Octobre. Dans dix mois. Cela me paraît une éternité. Et pourtant...

Le message

Très régulièrement, j'anime des cercles de tambour au cours desquels le groupe et moi pratiquons des voyages chamaniques. Le voyage chamanique est un état modifié de conscience. C'est un peu comme une transe, mais je reconnais que c'est plus soft que le type de transe que je pratique. Nul besoin de substance psychotrope pour moi et j'apprends donc aux personnes que j'accompagne à trouver elles aussi les réponses à leurs questions sans avoir besoin d'être sous l'emprise de quoi ou de qui que ce soit. Les sons du tambour sont largement suffisants pour équilibrer les deux hémisphères cérébraux et pour que les visions apparaissent, pour peu que le pratiquant soit prêt à les accueillir.

À la fin janvier, ma voiture enfin vendue et moins de quinze jours avant mon départ, je retrouve le groupe pour une soirée de voyages chamaniques. Chacun a son carnet pour prendre des notes, chacun a ses intentions, ses questions et moi aussi, bien entendu. Je n'en ai qu'une seule : que dois-je savoir pour le bon déroulement de mon voyage en Équateur ?

Je pose ma question en même temps que je commence à jouer du tambour. Les autres participants sont allongés sous leur couverture, les yeux bandés pour certains, leurs intentions déjà notées dans leurs carnets.

Que dois-je savoir pour le bon déroulement de mon voyage en Équateur ?

La mailloche rencontre la membrane sur un rythme régulier et le tambour se met aussitôt à chanter. Ce petit instrument qui n'a l'air de rien, qui ne paie pas de mine, a toujours surpris celles et ceux qui l'ont rencontré. Combien de personnes m'ont déjà proposé de me l'acheter, de me l'échanger ? Ce tambour dont la membrane n'est pas naturelle et que je surnomme affectueusement «mon tambour des quatre saisons» a la particularité de chanter. J'ignore complètement comment cela est possible et pourquoi lui, il le fait. Lorsque je l'ai rencontré pour la première fois, il était neuf et il n'avait jamais eu de propriétaire. Il sortait tout droit de l'usine de fabrication américaine, il avait voyagé jusqu'en Europe et nous nous sommes connus près d'Orléans. Nous nous sommes choisis justement parce que le son qui émanait de lui résonnait avec le son intérieur qui vibrait en moi. Pas à pas, nous nous sommes apprivoisés l'un l'autre jusqu'à fusionner et jusqu'à ce qu'il devienne un de mes objets de pouvoir, prolongement et expression de son propriétaire. Avec le temps, mais toutefois assez rapidement, le son du tambour s'est éclairci et puis un jour, il s'est mis à chanter. Sa voix est celle d'une femme, une voix basse et grave, lancinante et rassurante, envoûtante et enracinante.

Que dois-je savoir pour le bon déroulement de mon voyage en Équateur ?

La vision apparaît...

… Une forêt dense, luxuriante. La couleur verte est dominante. Tout est lumineux. Je reconnais de hauts bananiers et je vois d'autres arbres aux feuilles larges. Dans cette immensité verte, j'aperçois un gorille. Malgré la distance qui nous sépare, je me rends compte qu'il est énorme, impressionnant. Je sens à son énergie qu'il s'agit d'un mâle et même s'il est face à moi, je sais que son dos est argenté, signe d'une longue expérience. Son expression est calme, son regard profondément humain. Il ne bouge pas, il me regarde, ses yeux plongent dans les miens. Je ressens pour lui un immense respect. Puis, j'entends des voix humaines, des voix d'hommes. Je suis partout à la fois, face au gorille et proche des voix que j'entends. Ce que je vois m'effraye : des hommes à la peau sombre, vêtus de tenues de camouflage et lourdement armés de fusils et de machettes. À nouveau face au gorille, je pressens le danger qui le guette. Ces hommes sont des chasseurs, des tueurs de gorilles. Je voudrais crier à l'animal de s'enfuir, je voudrais lui faire peur afin qu'il détale, mais je ne peux pas bouger et aucun son ne sort de ma gorge. Les hommes approchent et ma peur grandit. Pétrifiée, je fixe l'animal et à ma grande stupeur, je constate qu'il rapetisse. Sa taille diminue, comme par magie, sans qu'il ne fasse rien. Il devient si petit, si minuscule, que j'ai du mal à le voir, debout, face à moi, parmi les hautes herbes et branchages qui nous entourent. Les hommes sont là, je retiens mon souffle. Ils passent entre le gorille et moi sans même soupçonner notre présence.

Aussitôt qu'ils sont partis, le gorille reprend instantanément sa taille normale. Il me sourit et m'envoie par la pensée, son message :

– Face au danger, fais-toi petite.

Le message aussitôt reçu, la vision disparaît comme elle était apparue. Je souris et poursuis l'accompagnement du voyage des autres participants.

Le voyage physique

À Genève

Ludovic s'est levé tôt pour m'emmener à l'aéroport. Il fait encore nuit lorsqu'il me dépose devant les portes. Je quitte la voiture rapidement, lui dis à peine adieu, charge mon sac sur mon dos et pénètre dans le terminal sans me retourner. J'ai très exactement mille dollars américains dans ma poche, toute ma fortune dans la devise utilisée en Équateur. Je ne me suis pas embarrassée de ma carte bancaire puisque de toute façon mon compte est à découvert et que je paie déjà suffisamment d'agios tous les mois. Lorsque je reviendrai, si je reviens, je n'aurai toujours pas de logement ni de travail. Pour couronner le tout, une toux sèche persistante me secoue régulièrement. Au cas où Ramon n'aurait pas assez à faire avec mon cas, j'aurai de la matière en plus à lui proposer.

Bureau d'enregistrement des bagages de la compagnie espagnole, l'hôtesse est adorable. Elle me signale que je ne devrai pas traîner, car j'aurai moins de trois heures pour prendre ma correspondance.

– Vous connaissez l'aéroport de Madrid ? me demande-t-elle.

– Non.

– Vous parlez espagnol ?

– Non.

Elle me regarde.

– Aïe. Bon. Ça va allez, ne vous inquiétez pas. Vous allez arriver à un terminal et vous devrez tout traverser. Pensez aussi à faire vérifier votre billet afin de vous assurer que votre bagage vous suive bien après Bogotá. Enfin, soyez au terminal au moins une heure avant l'embarquement. Je vous souhaite bonne chance.

Elle me fait un magnifique sourire, le regard empli de compassion, mais c'est trop tard, le stress s'est insinué en moi.

Assise dans l'avion avant le décollage, je me demande bien ce que je fais là. J'ai peur en avion. Non en fait, je n'ai pas peur, je suis terrorisée. Mais qu'est-ce qu'il m'a pris ? Pourquoi avoir fait confiance aux signes qui m'étaient envoyés ? Je vais voyager à côté d'une jeune Espagnole qui parle très bien le français. Elle a dû ressentir mon stress, car elle m'aborde gentiment en me demandant si tout va bien. Je lui suis reconnaissante d'avoir détourné mon attention en me questionnant sur mon état puis sur le but de mon voyage. Je lui parle donc de mon périple à venir tout en précisant que je ne parle absolument pas l'espagnol et encore moins le shuar, la langue natale du chamane et de son peuple. Très polie, elle ne manifeste aucune émotion et m'écoute respectueusement.

Genève – Madrid, le vol est plutôt court et l'atterrissage secoué. De grosses rafales de vent soufflent sur la piste. Ma compagne de voyage me quitte en me souhaitant bonne chance.

À Madrid

J'ignore comment je fais, mais je le fais. Aucune pensée extérieure ne vient parasiter ma *to do list* mentale et je me laisse donc guidée par mes pieds vers mon seul et unique objectif : m'asseoir dans l'avion qui me mènera en Colombie.

Je me répète inlassablement les trois étapes à franchir : trouver le bureau de la compagnie aérienne, montrer à l'hôtesse mon billet et vérifier que mon sac me suivra bien après Bogotá et enfin, me rendre au terminal pour embarquer dans l'avion.

Je trouve le bureau. Mon sac est bien enregistré pour me suivre et je me mêle ensuite à la foule pour prendre la navette qui me mènera au terminal concerné. J'ai ma correspondance haut la main et je m'assieds dans l'avion contente et fière de moi en poussant un immense soupir de soulagement. Qu'est-ce que je peux être bête de stresser de la sorte ! Puis je prends conscience que je suis assise dans un avion pour un vol qui va durer... dix heures trente ! M… j'ai peur en avion ! Mais qu'est-ce que je fais là ?

Mon compagnon de voyage est Irlandais. Chouette, j'adore l'Irlande ! C'est de bon augure il me semble, quoique le rapport entre un Irlandais et mon périple amazonien… Il n'y a que moi qui comprenne la portée de ce symbole, mais voilà, je choisis que ce soit de bon augure donc c'est de bon augure et cela allège mon anxiété. C'est toujours ça de pris.

Au décollage, alors que je veille attentivement à ne casser aucun de mes doigts tellement je les contracte sur les accoudoirs du fauteuil, mon compagnon irlandais me demande si j'ai peur en avion.

— Ben oui, j'ai horreur de prendre l'avion. Ça se voit tant que ça ?

Il me regarde avec curiosité :

— Ouais, ça se voit quand même et pas qu'un peu. Je peux te poser une question ?

— Vas-y, ça m'occupe et ainsi je prête moins attention aux vibrations et aux bruits bizarres qui ne m'inspirent pas confiance.

— Ben, si tu as peur en avion… pourquoi tu es là ?

Oui bien sûr, je comprends sa question. Je m'entends lui répondre que j'ai reçu un appel.

— De qui ? me demande-t-il.

— Je ne sais pas.

Je pense que déjà à ce moment-là, il doit me prendre pour une dingue.

— OK, continue-t-il. Tu as reçu un appel. Et il t'a dit quoi cet appel ?

— Il m'a dit d'aller rencontrer un chamane en Équateur. Et pour aller en Équateur l'avion, c'est le plus rapide. J'ai bien pensé à la nage, mais franchement, ça ne m'emballait pas trop.

Quand je suis vraiment très stressée, je m'essaye à l'humour, histoire de me détendre.

Mon compagnon de voyage aérien me regarde. Je crois qu'il pense que mon cas est désespéré, mais comme je ne lui semble pas dangereuse, en tout cas dans l'instant, il se cale dans son fauteuil tout en me répondant :

– C'est sûr. À la nage, tu n'étais pas près d'arriver.

– Certes.

Nous continuons à converser pendant un moment, car il semble s'intéresser à ce fameux appel que j'ai reçu quelques mois auparavant. N'ayant pas pratiqué l'anglais depuis quelques années, je tente tant bien que mal de tout lui expliquer puis épuisée, je finis par lui demander quel est le but de son voyage. Il me parle donc d'un trek qu'il va débuter en Colombie. Il va traverser l'Équateur et le Pérou pour finir son aventure en Amazonie brésilienne. Au programme : marche, cheval, canoë et autres moyens de locomotion qu'il trouvera au petit bonheur. Durée des réjouissances : trois mois. Et moi qui me disais que ma rencontre chamanique était quelque chose d'exceptionnel, je me sens tout de suite petite joueuse à côté de lui. Je le questionne par rapport à la Colombie et à la réputation sulfureuse du pays. Est-ce vraiment un territoire aussi dangereux qu'on le dit ?

– Pas plus qu'un autre, me répond-il. Tu ne seras ni plus ni moins en sécurité dans ta forêt avec ton chamane qu'en Colombie. Faut juste que tu gardes toujours un œil sur tes affaires parce qu'il y a des petits malins qui peuvent y mettre de la drogue en espérant que tu arrives à la faire passer. Et avec la drogue, les Colombiens, ils ne rigolent pas.

Nous mangeons notre repas et il s'endort tandis que je rêvasse à mes rencontres futures : Ramon et moi, les Shuars et moi, la forêt et moi, les plantes maîtresses et moi, les animaux et moi, les Esprits et moi.

À Bogotá

Capitale colombienne. Le seul pays dans lequel je ne souhaitais pas faire escale. Mais bon, c'était ça ou les États-Unis et le prix du billet a déterminé mon choix. Fouille approfondie des personnes et très approfondie des bagages. L'armée colombienne est partout et le sourire ne fait pas partie de leur arsenal. Les femmes militaires émanent une énergie encore plus redoutable que celle de leurs collègues masculins. Perso, je ne pense même pas un instant à me la ramener. Je me souviens du conseil reçu par le gorille : «Face au danger, fais-toi petite.»

Et puis l'attente. La fouille des personnes et des bagages a pris tellement de temps que notre avion a été affecté à une autre destination. Nous devons attendre qu'un autre appareil soit mis à notre disposition. Les passagers manifestent leur mécontentement et moi, dans mon coin, je me tais. Que dire ? Râler changera-t-il quoi que ce soit ? De plus, je ne maîtrise absolument pas la langue du pays. Patience. Tout vient à point. Mon comportement est déterminant dans le bon déroulement de mon aventure. Après plus de deux heures, en pleine nuit, un avion d'une autre compagnie est mis à notre disposition. Nous décollons enfin, direction la capitale équatorienne : Quito.

La première tentative d'atterrissage à Quito échoue. J'ignore pourquoi, mais le pilote a redressé l'appareil avant même que les roues touchent le sol. Il tente un deuxième essai qui échoue, semble-t-il, pour les mêmes raisons. Tandis que certains passagers crient *Ola*, d'autres égrènent leur chapelet en faisant des prières. Étonnement calme, très probablement épuisée par le voyage, je souris en pensant au sketch de Chevallier et Laspalès «Le train pour Pau» et à leur célèbre réplique : «Il y en a qui ont essayé, ils ont eu des problèmes.»

Au cas où nous ne l'aurions pas constaté, le pilote nous annonce qu'il est impossible d'atterrir à Quito et que nous sommes dirigés vers l'aéroport le plus proche : Guyaquil. La bonne nouvelle, c'est que c'est en Équateur et je me demande déjà comment me rendre de Guyaquil à Guarida par la route.

À Guyaquil

L'atterrissage réussit du premier coup. L'avion roule jusqu'au terminal, il stoppe et les moteurs sont coupés. Tout le monde décroche sa ceinture et se prépare à descendre. Peine perdue, le pilote nous annonce que nous devons rester dans l'appareil jusqu'à nouvel ordre. Je ne comprends que sommairement l'espagnol et bien entendu, aucune annonce n'est faite en anglais. Je devine seulement que les autorités ne savent pas trop quoi faire de cet avion et de ce qu'il transporte. Le staff vient nous distribuer des boissons et nous attendons, plus ou moins sagement et pendant de longues heures, que quelqu'un veuille bien décider de notre sort. Je ne pense à rien de précis, je suis trop fatiguée pour penser. J'observe les gens autour de moi et j'attends. Puis subitement, le commandant nous informe que nous décollons pour Quito.

Il était prévu que j'arrive dans la capitale équatorienne en pleine nuit et je n'avais pas réservé le moindre hôtel. Intuition ou goût du risque ? Quoi qu'il en soit, l'avion arrive enfin à destination à sept heures du matin. Même pas besoin d'un hôtel.

À Quito

J'ai quitté Genève il y a vingt-neuf heures. Entre les escales et les retards, je n'ai pas dormi, à peine sommeillé, mon estomac est en vrac et mes chevilles sont aussi enflées que mes cuisses. Non non, je ne me la pète pas, je fais juste de la rétention d'eau quand je reste assise plusieurs heures dans un avion.

Nous sommes vendredi matin et je pourrais choisir de rester un jour ou deux dans la capitale avant de me rendre à Guarida. Mais voilà, la ville est une ville et je la trouve puante et bruyante. Tout va très vite. Ai-je quitté la France pour retrouver le même rythme et le même stress ? Mon estomac déjà bien brassé se révolte un peu plus. Devrais-je manger pour le calmer ? À la simple évocation d'un repas, la nausée me reprend de plus belle.

À l'aéroport, je trouve quelqu'un qui parle anglais et qui m'explique comment me rendre au terminal terrestre pour trouver le car qui me conduira dans la *selva*, la jungle.

Une heure dans les transports en commun pour traverser la ville. Il fait déjà chaud et je trimbale mon gros sac sur le dos. Avec mes cheveux clairs, ma peau blanche visiblement en manque de soleil et mes yeux bleus, je ne passe pas inaperçue parmi les Équatoriens. Hommes et femmes me dévisagent directement et ne daignent pas me répondre lorsque je les questionne en anglais. Finalement, dans le trolleybus, une jeune fille semble éprouver de la compassion pour moi et me renseigne dans un anglais plus approximatif encore que le mien.

Une heure plus tard, j'arrive enfin au terminal terrestre. Contrairement au centre-ville, toutes les personnes présentes font un effort pour me comprendre et m'aider et je trouve rapidement le car qui m'emmènera à Macas. Pas de direct pour Guarida ? Que nenni, je devrai changer à Macas. OK. Et il faut combien de temps pour arriver à Macas ? Sept heures trente, pas moins. Et entre Macas et Guarida ? Une demi-heure de plus, mais vu l'heure à laquelle nous arriverons, le chauffeur ne sait pas s'il y aura encore des bus.

Pourquoi donc remettre à plus tard ce qui peut être fait tout de suite ? Le car part dans dix minutes, j'achète mon billet, jette mon sac dans la soute et monte m'installer. Le véhicule est ultra moderne, les sièges sont confortables. Je trouve une place devant, cela m'évitera peut-être un peu le mal des transports.

Rien dans ma vie ne m'avait prédisposée à venir ici, en Équateur, pour rencontrer un chamane. Absolument rien, vraiment. En étais-je si sûre ? Le chauffeur s'installe, allume la radio et en fait profiter tout le monde. Les musiques latinos s'enchaînent, l'ambiance est festive. Nous faisons de nombreux arrêts au cours desquels des marchands ambulants vendent toute sorte de choses à manger et à boire. Entre les mets frits et gras et les sodas, rien ne me tente, mais j'arrive finalement à dénicher un petit sachet de pommes et une bouteille d'eau. Cela fera l'affaire.

Au vu du nombre d'arrêts, je comprends pourquoi le trajet est si long. Est-ce également pour cette raison que le chauffeur roule si vite ? Arriverons-nous en un seul morceau ? Il klaxonne à tout va et je découvre que les piétons ne sont absolument pas prioritaires. Je me fais même une sueur froide lorsqu'un tout jeune enfant échappe de justesse aux roues du bolide, sa mère l'ayant rattrapé par le col in extremis. Les chiens errants, eux, sont plus prudents et ne tentent même pas de traverser. Quel contraste avec mon quotidien français. Ici, chacun est responsable de lui-même, pas d'assistanat, personne ne te porte à ta place. Je ne me demande même plus ce que je fais là, j'ignore toujours la réponse, mais je sens que c'est juste. J'observe, je constate, je prends acte. Mon mental analyse peu. Étonnant !

Nous quittons enfin le bitume de la ville. Tout est très vert, j'adore. Il fait beau. Soleil. Lumière. La chaleur me fait du bien. Soudain une averse puis un orage et à nouveau le soleil. La civilisation continue de s'estomper. Moins de véhicules, plus de nature et dans cette nature, des humains, des Indiens, de plus en plus, qui attendent patiemment au bord de la route l'arrêt du car. Le rythme change, les regards aussi.

Je sens un sourire sur mon visage, je sens mon cœur qui gonfle dans ma poitrine. J'ai envie de les toucher ces Indiens, de les serrer dans mes bras, de leur dire combien je suis heureuse de les rencontrer. En bonne Occidentale que je suis, je me sens prête à les envahir avec tout mon amour et mes bonnes intentions, mais je ne suis pas seule à décider. Ballottée par toutes mes émotions, j'ai face à moi des êtres que je sens stables, ancrés et centrés. Leur regard est profond et franc. Il m'impose naturellement le respect de l'espace de chacun. Je garde mes émotions pour moi et sans aucun effort de ma part, elles se transforment au contact non physique de ces petites personnes à la peau mate.

À Macas

Je suis littéralement épuisée et si je trouve le bus pour Guarida, j'arriverai dans une demi-heure à ma destination finale. Je tente ma chance. Les Esprits shuars sont probablement avec moi puisque je trouve rapidement le terminal de bus et la billetterie. Je prends mon ticket et l'engin démarre moins de dix minutes plus tard. No stress, juste une immense fatigue que je refuse d'écouter ainsi que mon estomac, toujours en vrac. Je constate même que je ne suis pas allée aux toilettes depuis le vol qui m'emmenait de Madrid à Bogotá. J'admire les capacités de retenue de mon organisme et je lui promets qu'une fois arrivée, je prendrai soin de lui.

La nuit est en train de tomber. Le bus est bondé. Plus la moindre trace d'Équatoriens, je suis entourée de Shuars. Quand bien même les Shuars ont la nationalité équatorienne, je les considère plus comme étant le peuple autochtone qui a vécu en symbiose avec ces terres bien avant l'arrivée des Espagnols. Les Shuars sont plutôt de petite taille et leur peau est sombre. Ils ont un regard franc et curieux sans être intrusif. Ils ne sont ni défiants, ni arrogants, ni soumis. Ils sont, tout simplement.

Pierre-Marie, qui m'avait communiqué les coordonnées de Ramon alors que j'étais encore en France, m'avait bien mise en garde :

– Surtout, ne vous déplacez jamais seule dans les rues. Pour vous rendre de l'arrêt de bus à l'hôtel, prenez un taxi. Pour aller de l'hôtel chez Ramon, prenez un taxi. Même si les distances sont courtes, ne faites jamais les trajets à pied. Les taxis sont très bon marché, vous ne vous ruinerez pas.

Je suis surprise de son discours, car je ne ressens aucun danger. Toutefois, dès que je serai arrivée en terrain inconnu, je respecterai son conseil et demanderai ensuite à Ramon qu'il me donne son avis sur le sujet. Je suis sortie de mes pensées par un poids soudain sur mon avant-bras. Une jeune fille vient de s'asseoir sur l'accoudoir sauf que, entre l'accoudoir et ses fesses, il y a mon avant-bras. Je suis on ne peut plus étonnée et je ne sais comment réagir. Elle a l'air d'être fatiguée, il n'y a aucune place pour s'asseoir et j'observe qu'elle n'est pas la seule à agir de la sorte. De plus, mon avant-bras ne semble pas la gêner sauf que moi, cela me fait mal. Je le retire doucement, la jeune fille ne bouge absolument pas. Quelle heure est-il ? Ne portant pas de montre, je regarde mon téléphone portable. J'ai hâte d'arriver et de me poser. Je me souhaite de trouver facilement l'hôtel et que celui-ci ait une chambre de libre puisque, bien évidemment, je n'ai rien réservé.

À Guarida

Le chauffeur de taxi parle un peu anglais et il connaît l'hôtel Don Bernardo, le seul conseillé par Pierre-Marie. Tarif de la course : un dollar. Ramon m'avait donné les bonnes indications concernant le trajet, les noms des compagnies de cars, les bus, les taxis et leurs tarifs.

Guarida est une petite ville, mais c'est une ville et c'est bien suffisant pour moi. L'hôtel se situe dans une rue passante, bien éclairée. Le taxi me pose juste devant la porte, le chauffeur soulève mon sac de la benne du pick-up et me fait signe de le suivre. Il m'accompagne jusqu'à la réception. Une Équatorienne corpulente d'une cinquantaine d'années nous accueille. Apparemment, l'homme et elle se connaissent. Je comprends qu'il lui explique que je souhaite une chambre. La femme est sympathique et me demande, en espagnol, combien de temps je souhaite rester.

– Je ne sais pas, lui dis-je.

Elle regarde le chauffeur de taxi.

– Vous ne savez pas ? Vous avez un billet de retour ? Pourquoi êtes-vous ici ?

– Oui j'ai un billet de retour, c'est obligatoire. Je suis venue pour rencontrer Ramon. Vous connaissez Ramon ?

– Ramon ? Oui bien sûr. Tout le monde ici le connaît. Et vous le voyez quand Ramon ?

– Lundi matin.

– Et après, vous allez passer du temps avec lui ?

– Oui. Il m'a parlé d'une dizaine de jours.

– Alors il vous faut une chambre pour une dizaine de jours, me dit-elle.

– Peut-être pas, lui réponds-je. Je vais demander à Ramon pour aller en forêt.

Elle regarde à nouveau l'homme et ils se sourient.

– En forêt, dans la *selva* ? Ramon ne vous laissera pas aller en forêt. Vous êtes venue seule ?

– Oui.

Le chauffeur, toujours souriant, prend congé en haussant les épaules. La femme poursuit :

– Bon alors, on fait quoi ? Vous voulez une chambre pour combien de temps ?

– Trois nuits, m'entends-je lui répondre sans hésitation.

– Et après, vous irez en forêt ?

– Oui, j'irai en forêt.

– OK, me dit-elle en prenant son registre.

Je lui tends mon passeport en lui demandant tout de même :

– Euh si vraiment Ramon ne veut pas que j'aille en forêt, vous aurez encore une chambre pour moi ?

Elle rit :

— Mais oui, je vous trouverai une chambre et ça m'étonnerait vraiment que Ramon vous laisse aller en forêt.

Elle note les renseignements me concernant dans son registre, me rend mon passeport et me conduit ensuite à l'étage, jusqu'à ma chambre. L'hôtel est plutôt grand et assez bien entretenu. J'ai l'impression qu'il y a beaucoup de chambres vides. Mon hôtesse ouvre une porte. Un lit double, une salle de douche, draps et serviettes de bain, téléviseur. Quel luxe ! La femme, sans doute la propriétaire de l'établissement, me quitte en me précisant que le petit déjeuner est compris dans le prix de la chambre et elle me demande ce que je veux manger. Mon estomac toujours révolté, je lui dis que je ne sais pas encore et que je verrai ça demain matin, si elle veut bien.

— OK, me répond-elle. Passez une bonne nuit. Je crois que vous en avez besoin.

Oui en effet, j'en ai besoin. Je me dis que je vais m'effondrer comme une masse. Je défais le lit, les draps sont impeccables. Je me paie le luxe d'aller aux toilettes, enfin, et je m'octroie une bonne douche. L'eau est chaude, je savoure. Je n'ai rien à boire, rien à manger, peu m'importe, j'ai besoin de dormir, c'est ma priorité. Je connais l'insomnie depuis l'adolescence, mais trente-huit heures de voyage sans dormir, je crois bien que j'ai battu mon record.

Un week-end à Guarida

Samedi

Nuit complète, sommeil de plomb. À mon réveil, je suis prise de nombreux tremblements internes, la tête me tourne. Fatigue, faim ou les deux ? Je pensais me sentir mieux, mais pour le moment, ce n'est pas gagné. Je me prépare pour rejoindre la salle du petit déjeuner. Celui-ci sera-t-il accepté par mon organisme ? Tandis que je m'habille, je me souviens de deux rêves.

Dans le premier, je me vois en présence de Ludovic et de mes parents. Je fais beaucoup de reproches à mon compagnon, je vide mon sac, tout ce que j'ai accumulé depuis tant d'années. Je ne ressens pas de colère, je me contente simplement de me soulager d'un immense poids. Mon père et Ludovic sont silencieux tandis que ma mère démonte l'un après l'autre les reproches que j'énonce. Elle ne prend parti ni pour mon compagnon ni pour moi, elle met simplement en évidence les faits. Je ressens son rôle comme étant celui d'un arbitre neutre, impartial. C'était comme si elle tentait de me faire prendre conscience de la portée de mes paroles, de ce qui était cohérent ou incohérent dans mes propos, comme si elle mettait en lumière ma perception de la relation amoureuse. Je sens que ce rêve est important même si je suis loin de le comprendre dans les moindres détails.

Je n'ai qu'un souvenir vague du second rêve dans lequel il est question de structure et de ranger des objets dans des boîtes. Je prends des notes, je verrai plus tard si quelque chose me revient. Alors que je lève les yeux de mon carnet de voyage, je constate que tout dans la chambre me ramène à mon compagnon et j'ai une étrange sensation d'avoir déjà vécu, avec lui, ce que je suis en train de vivre ici. Les couleurs, les sons, l'ambiance, l'énergie du lieu, le réveil dans une chambre d'hôtel identique à celle-ci. Mais où était-ce donc ? Dans une autre dimension ? Dans une autre vie ?

Dans le couloir, je suis les panneaux qui indiquent la direction de la salle à manger. Les odeurs m'incommodent et mon estomac se soulève. J'arrive sur le toit de l'hôtel qui fait également office de terrasse. La vue est dégagée à trois cent soixante degrés, le ciel est couvert et il ne fait pas très chaud. Je regarde les toits plats et les fers à béton qui s'élèvent vers le ciel comme si les maisons n'étaient pas terminées, comme si un autre étage allait être ajouté. Je constate que l'odeur de la ville est un peu moins nauséabonde que ne l'était celle de la capitale, mais je reconnais toutefois cette même senteur de plastique et de pétrole. Je me dirige ensuite vers la salle où je suis accueillie par la patronne – car je suis quasiment certaine qu'il s'agit bien de la patronne – et par un téléviseur dont le son est si fort que l'on ne s'entend pas parler. Deux hommes sont assis à des tables différentes. L'un mange et l'autre boit sa bière. De grand matin ? Réaction révoltée de mon estomac.

La femme est très prévenante et s'obstine à répéter des mots que je ne comprends absolument pas. Avec beaucoup de bonne volonté de part et d'autre, je finis par accueillir un plateau sur lequel sont posés un jus de fruits, des œufs, du pain, du café, du lait chaud et du riz. J'ai bien envie du café, mais je n'aime pas le lait et la patronne insiste pour en verser dans ma tasse. Nous voilà reparties elle et moi dans un difficile exercice de communication verbale. Elle semble étonnée qu'il soit possible de boire du café sans lait. Finalement, elle renonce à sa croyance en repartant avec la cruche. Je mange lentement, très attentive aux éventuels signaux de rejet que mon corps pourrait manifester, mais tout est bien qui finit bien, mon estomac semble satisfait de ce qu'il a reçu. Une fois le repas terminé, je fuis assez rapidement ce lieu dont le bruit m'insupporte. Je choisis d'aller faire un tour en ville, j'ai tout de même deux jours complets à y passer.

Il semble que l'hôtel soit situé dans la rue principale de la cité. Tout le long de cette rue, de chaque côté, de petites échoppes sont en train d'ouvrir leurs volets. On dirait qu'il n'y a que des Shuars à Guarida et le contraste entre nos ethnies est d'autant plus flagrant. Ma peau et mes yeux sont vraiment très clairs comparés aux leurs et je découvre avec une certaine jouissance – si si le mot est bien choisi – que je suis plus grande que la plupart d'entre eux. Je ne mesure qu'un mètre soixante-trois et je pense en souriant à une de mes connaissances, une femme, qui mesure plus d'un mètre quatre-vingt et que je surnomme affectueusement ma «Grande Heure». Elle serait comme Gulliver au pays des Lilliputiens. Obsédée également par mon poids et mes formes, j'observe que toutes les femmes sont plutôt rondes sans pour autant être grosses. Chouette, fini les complexes et le culte de la minceur ! Je sens que je vais beaucoup me plaire ici.

Les Indiens semblent parfaitement indifférents à ma présence. Ramon a l'air d'être une personnalité locale et il reçoit sans doute beaucoup d'Occidentaux. Pour eux, j'en suis une de plus et il n'y a rien d'anormal à cela. Je fais le tour des petits commerces en me demandant déjà quel sera mon prochain repas. Tiens tiens, on dirait que l'appétit est revenu. Je passe devant un étal où de la viande et des os sont découpés à la scie électrique et où la tête de la vache gît au sol, les yeux ouverts, couverte de mouches. Un petit marchand ambulant fait rôtir des animaux entiers qui me font penser à des rats. Pour qui aime, il y a une quantité incommensurable de sodas, de bonbons et de paquets de chips. Là tout de suite, cela ne me donne franchement pas envie. Je m'étonne de trouver difficilement des fruits frais et j'arrive toutefois à dénicher une mangue verte avec du piment, quelques pommes et ô bonheur, une bouteille d'eau. J'aborde les commerçants avec mon plus bel anglais et plouf, incompréhension totale. Ici, ce sera espagnol ou shuar. Je vais devoir m'y mettre.

Sans doute parce que je suis une vraie passoire, j'ai toujours eu la capacité de m'adapter facilement et rapidement à mon environnement. Je passe une nuit dans un endroit et hop c'est comme si j'y étais chez moi. Curieuse de tout, il ne me faudra pas longtemps pour tout tester, pour tout essayer. Ma vie en France, la relation avec Ludovic et mes tracas quotidiens me paraissent si loin. Plus de neuf mille sept cents kilomètres à vol d'oiseau ben oui, ils sont loin. En tout cas, géographiquement parlant. L'esprit occupé par tout ce que je découvre, je me sens centrée et pleinement dans l'instant. Mon mental et mes émotions semblent avoir pris des vacances bien méritées. J'ai comme qui dirait l'impression que je suis déjà en train d'être imbibée de l'énergie des Shuars et je trouve cela plutôt très agréable.

J'ai quitté la France mue par une force dont mes peurs et mes doutes ne sont pas venus à bout. Je suis venue pour mourir et renaître, symboliquement bien sûr. Quoique… Je sens que je suis arrivée au bout de quelque chose sans que je puisse réellement nommer cette chose. Je reconnais que je trouve frustrant de ne pas arriver à nommer l'innommable, que les mots sont bien pauvres pour tenter d'expliquer ce que l'on est capable de vivre à l'intérieur et qui est si vaste que notre pauvre petit mental limité est incapable même de conceptualiser. Je dirais toutefois que je me vois au bord d'un précipice et que je n'ai plus d'autre choix que celui de sauter. Quand donc trouverai-je le courage de me jeter dans le vide ? Il fallait que je sois là, il fallait que je vienne. Il était tout simplement hors de question que je laisse passer une opportunité qui ne se représenterait pas de sitôt.

Je sais parfaitement qu'en Amazonie, les chamanes utilisent les plantes pour soigner leurs patients et parmi ces plantes certaines sont psychotropes. Je reconnais que je les redoute un peu, mon petit esprit ayant fait une sorte de savant amalgame entre les plantes maîtresses et les drogues, entre les voyages chamaniques et les trips, entre la guérison de l'Âme et le mal-être psychique. Je ne veux plus croire ce que j'ai entendu autour de moi. J'ai besoin de me faire ma propre opinion et pour cela, il me faut expérimenter. Après, seulement après, je saurai de quoi je parle.

Rien ne me prédisposait à venir ici pour expérimenter les plantes psychotropes. En étais-je bien certaine ? Depuis que je suis ici, je pense beaucoup à l'un de mes cousins mort à vingt-quatre ans, seul dans son appartement en Belgique, d'une overdose d'héroïne. J'avais seize ans et il s'en était passé des choses au cours de cette année. J'ai toujours su qu'il m'avait sauvé la vie en mettant fin à la sienne. Son exemple et le choc que j'ai ressenti lors de son décès ont fait que je n'ai pas suivi la même route que lui. Et aujourd'hui, me voici en Équateur non pour me droguer, mais pour me guérir. La différence est énorme, essentielle, vitale. Combien de personnes se déplacent-elles en Amazonie dans une intention consciente de vivre une expérience chamanique alors que leur intention inconsciente est de se shooter plus ou moins légalement ? Lorsque l'on est Occidental, rencontrer un chamane d'une tradition ancestrale et ses plantes ne suffit pas. Un long travail de connaissance de soi est, selon moi, indispensable. Sans ce travail, sans cet accompagnement, l'expérience chamanique amazonienne est comme un pansement que l'on mettrait sur une plaie purulente. Le mal continue de nous ronger, de faire son œuvre, même si le pansement en surface reste joli ou est changé régulièrement. Je pense et je crois sincèrement que c'est différent pour les personnes qui sont de la même ethnie, de la même origine que le chamane. La vision du monde de ce peuple et son évolution sont différentes de la vision et de l'évolution d'un Occidental. Dans les faits, ma pensée et ma croyance se vérifieront-elles ? Les plantes maîtresses vont me mettre face à moi-même. Quelles révélations se manifesteront donc à moi ? Ma curiosité de comprendre supplante ma peur de la vérité. Je me dis que c'est bon signe.

Je prie beaucoup, je demande aux Esprits, quels qu'ils soient, de me donner la force d'aller jusqu'au bout de ce que j'ai entrepris. Je sais que ce voyage est déterminant pour ma vie future, qu'il est l'occasion de guérir pour toujours les traces que le passé a laissées en moi. J'ai besoin d'avancer, libre, libérée de mon propre mode de fonctionnement dans lequel je me suis tant enfermée.

Dimanche

J'ai passé une nuit aussi horrible que la précédente avait été bonne. Le bruit est partout, tout le temps.

Quelque part dans l'hôtel, d'autres résidents sont rentrés tard, claquant les portes, parlant fort dans les couloirs et s'endormant avec la télé dont le son est réglé très probablement au maximum. Il me semble qu'il n'y a aucune conscience de l'environnement et par conséquent, aucun respect de celui-ci. Je me demande si ces personnes ont pensé, seulement une fois, que d'autres personnes étaient peut-être en train de dormir – ce que l'on fait souvent lorsqu'il fait nuit – et que, pour dormir, cela pouvait être sympa d'être dans un environnement calme. Est-ce culturel en Équateur de s'endormir avec la télé à tue-tête ou cela existe-t-il en France aussi ? Mon petit doigt me dit que cela existe en France aussi, mais que cela ne fait tout simplement pas partie de mon monde, moi qui vis d'ailleurs sans télé depuis des années.

Au petit déjeuner, la télé hurle ses infos elle aussi – comme hier matin – et j'ai toutes les peines du monde à entendre les paroles de la femme qui me demande si j'ai bien dormi. Heureusement que je comprends les gens sans avoir besoin d'utiliser mes oreilles. Je n'ai qu'une envie, mettre des boules Quies ou alors baisser le son de la télé. L'étape suivante, je me connais, serait d'éteindre carrément le poste et la suivante encore serait de le jeter par la fenêtre. Mais, ô maîtrise suprême, je ne fais rien et je vis l'expérience en tentant non de la subir, mais en la laissant me révéler les divers états émotionnels qui en découlent. Je considère la vie comme un jeu et je suis joueuse.

Je descends dans la rue afin de poursuivre mon exploration de la ville. J'ai repéré hier de petits magasins depuis lesquels il est possible de téléphoner et même à l'international. J'hallucine. La modernité est donc partout ? Eh bien oui, il n'y a qu'à compter le nombre de sacs plastiques et d'objets inutiles pour s'en rendre compte. Mais est-ce cela la modernité ? Les détritus non biodégradables jonchent le sol et aucune trace de recyclage en vue. Modernité ? Vraiment ?

Quoi qu'il en soit, il va me falloir téléphoner à Ramon aujourd'hui pour lui annoncer que je suis bien arrivée et que nous nous voyons demain matin, comme prévu. Une inquiétude m'étreint. N'ayant pas pris la peine d'envoyer un e-mail de confirmation au chamane juste avant mon envol pour l'Équateur, celui-ci se souviendra-t-il de moi ? N'ayant aucune nouvelle de ma part, n'aura-t-il pas changé son emploi du temps ? Et puis une fois au téléphone, allons-nous nous comprendre, lui qui ne parle qu'espagnol et shuar et moi qui ne parle que français et anglais ? Ça y est, sous l'effet du stress, mon mental tourne à nouveau en boucle et je me mets une pression puissante qui nourrit encore plus mon inquiétude. Le serpent qui se mord la queue, le cercle vicieux. Je connais le processus : si je ne fais rien, l'inquiétude va devenir une anxiété qui elle-même va devenir une angoisse qui, si je laisse toujours faire, va devenir une peur paralysante et là, il n'y aura plus moyen de faire quoi que ce soit puisque, par définition, je serai paralysée. OK. Je vois ce qui est en train de se jouer en moi – et de moi – et je passe à l'acte pour contourner le piège. Munie du petit livre «L'espagnol en 40 leçons» que m'a offert une de mes connaissances, je me dirige illico vers le magasin pour téléphoner à Ramon. Quand la plaie est purulente, crever l'abcès est douloureux, mais qu'est-ce que cela soulage une fois que c'est fait !

Et voilà... Je suis fière de moi ! *I did it* ! La bonne nouvelle c'est que le chamane se souvenait parfaitement de moi et que nous nous voyons bien demain, lundi. La mauvaise, c'est que je n'ai absolument pas compris la plupart des choses qu'il m'a dites. Je crois qu'il a parlé de l'horaire et qu'il m'a expliqué qu'il avait quelque chose à faire en fonction de cet horaire, mais bon, malgré sa gentillesse de me répéter ce qu'il venait de me dire, je n'ai toujours pas compris. Tout au bonheur de savoir que le rendez-vous aura bien lieu, je choisis de fêter l'événement en me payant un resto. Ben oui, j'adore manger et tout est prétexte à célébrer la vie devant un bon plat. Le repas, c'est convivial, je suis toute seule, mais je choisis que ce soit convivial tout de même.

La nourriture que je découvre est grasse, carnée et sucrée. J'aime la viande, mais je m'interdis d'en manger, car en France, dans les milieux du développement personnel et surtout «spirituel», les personnes qui se disent conscientes et donc évoluées sont inévitablement végétariennes, voire plus extrêmes encore pour certaines. Alors que mon orgueil me dit que je suis un être évolué, mon organisme me dit qu'il a besoin de viande. Qui donc va l'emporter ? Lorsque je mange de la viande, mon corps l'accepte tandis que lorsque je mange des mets gras et sucrés, il refuse très clairement de les digérer et les rejette sans autre préavis. L'effet est immédiat, il n'y a pas à tortiller. Je sais que ce sont mes émotions qui me poussent à aller vers ce type d'aliments dans la croyance illusoire que le gras et le sucre vont les calmer. Or c'est bel et bien l'effet inverse qui se produit, les émotions sont décuplées. Pour quelqu'un comme moi qui aime le feu de la passion et de l'extrême d'un amour inconditionnel, c'est un sacré défi que de tenter de manger sainement. Pourtant, mon corps s'étant manifesté on ne peut plus sérieusement et sans ambiguïté, mon obstination a bien fini par se plier aux exigences de ma matière. La nourriture qui me convient a pour base beaucoup de fruits crus et de saison et un peu de protéines animales. Les médecins français ne préconisent absolument pas ce genre de régime lorsque l'on est porteur de la maladie de Crohn, mais mon expérience toute perso m'a prouvé que leurs croyances ne me convenaient pas.

Dans le petit resto que j'ai choisi, je finis par dénicher et commander un plat de riz avec quelques rares légumes et des œufs. J'insiste pour ne boire que de l'eau et le serveur semble devoir vérifier s'ils servent cette denrée rare. Tout cela, bien évidemment, dans une ambiance télévisuelle tonitruante. J'observe le repas des locaux qui m'entourent et cela m'écœure. Les plats dégoulinent de graisse, ils croquent à pleines dents leurs piments et portent régulièrement à la bouche une cuillère à soupe emplie d'un aliment blanc dont une assiette est déposée au centre de la table. Mais qu'est-ce donc ? Je le découvre lorsque le serveur vient déposer le même type d'assiette à ma table. Presque timidement, je prends un peu de cet aliment sur la pointe de mon couteau et le goûte. Du sel ! Les Shuars mangent du sel à la cuillère à soupe ! Beurk, très peu pour moi. Mes autres plats arrivent et je constate qu'ils sont déjà copieusement salés, à quoi bon en rajouter ? Question de goût ou y a-t-il une autre raison du style «le sel éloigne les insectes porteurs de maladies tropicales» ? J'ignore la réponse à ma question et dévore mon repas. Ciel ! J'avais sacrément faim.

Je sais que l'esprit et le corps sont exactement la même chose qui se manifeste sur des plans différents et donc avec des vibrations différentes. Mais voilà, entre l'esprit et le corps, il y a la fameuse barrière du mental/émotionnel. Vous savez, cette barrière à laquelle s'accroche désespérément notre Ego en s'imaginant que c'est cela la réalité alors même que notre perception est justement déformée par ce filtre mental/émotionnel. À nouveau, nous tournons en boucle et pour tenter de nous dépêtrer de cet imbroglio, que fait notre ami le mental ? Et bien, il crée une nouvelle illusion plus belle, plus supportable certes, mais une illusion tout de même. Et voilà pourquoi le monde est tel qu'il est. Non non, je ne me sens ni défaitiste ni colérique. Je dirais plutôt que je suis lucide, tout simplement. J'accepte de voir les deux faces de la médaille sans choisir un côté ou l'autre.

Beaucoup de personnes qui se disent connectées ou branchées ou conscientes et que j'ai pu rencontrer – et la spiritualité est très à la mode de nos jours – tiennent un discours conscient plein de lumière et d'amour tandis que leur subconscient, duquel je perçois tout, envoie des signaux sombres et de souffrance. Si seulement ces personnes pouvaient reconnaître, sans jugement, quelles en sont là où elles en sont, elles pourraient alors, en conscience aussi, faire un réel pas en avant et le monde aurait alors une vraie chance d'être différent. Encore une fois, aucune amertume de ma part, juste un constat.

Je souris tristement au souvenir d'une manifestation contre l'extraction du gaz de schiste en France. Beaucoup de manifestants vociféraient des slogans tous très juste (l'extraction provoque des dégâts irréversibles et est hautement toxique ça, c'est vrai) et dans le même temps, ils utilisaient leurs téléphones portables pour faire des *selfies*. J'en avais alors questionné un :

– Vous êtes contre l'extraction du gaz de schiste ?

– Oui, m'avait répondu l'homme d'une trentaine d'années. C'est super polluant et on ne veut pas de ça pour notre santé et celle de nos enfants.

– Vous savez comment est fabriqué votre téléphone portable ?

– Je ne vois pas le rapport, m'avait-il lancé, méfiant.

– Pourtant, il y en a un. Savez-vous combien de produits toxiques sont utilisés pour fabriquer votre téléphone portable ?

– ...

J'en avais rajouté une couche. Je sais, c'est un peu sadique, mais c'est tellement moi :

– Savez-vous comment sont extraits du sous-sol de la terre ces produits toxiques qui vont permettre la fabrication de votre outil à *selfie* ?

– Ouais, mais bon là, je m'en fous. Moi, je ne veux pas qu'ils fassent ça ici, là où je vis.

– OK. C'est mieux quand ça pollue le voisin, c'est ça ? avais-je fini par lui dire.

Le quidam m'avait envoyé un «Vas chier» avant de rejoindre ses potes. J'avais toutefois constaté qu'il ne s'était pas remis à gueuler ses slogans et qu'il regardait même son téléphone portable comme s'il s'agissait d'une bombe à retardement. Mais pour combien de temps ?

Je pense également aux fervents adeptes du bio à tout va qui consomment exactement de la même façon que n'importe qui, mais... du bio. Une femme rencontrée sur le marché de ma ville de résidence m'avait abordée pendant que j'achetais des pommes chez un petit producteur local.

– Excusez-moi madame, m'avait-elle apostrophée, vous allez manger ces pommes ?

– Euh non, je les achète juste pour faire joli, lui avais-je répondu.

À l'expression de son visage, j'avais compris qu'elle n'avait pas percuté ma vanne. J'avais alors repris :

– Oui madame, je vais les manger.

– Vous devriez faire attention, m'avait-elle dit. Ce marchand n'a pas le label bio.

– Et c'est grave ?

– Vous ne savez pas tous les produits polluants qu'il est capable d'utiliser.

– Mais si madame, lui avais-je dit le plus poliment possible. Je connais ce monsieur et effectivement, sans avoir le label bio, il est très respectueux de l'environnement, de sa production et de la santé de ses clients. Je suis déjà allée chez lui et s'il n'a pas le label bio, c'est simplement parce que les contraintes pour l'obtenir sont énormes et que lui, il est juste un petit producteur conscient qui ne souhaite rien de plus que de vivre en accord avec tous.

La femme était devenue tout de suite méfiante, mais je ne l'avais pas laissé se défiler aussi vite. J'avoue que ce genre de joutes verbales ont pour effet d'illuminer ma journée. C'est mon côté provoc. J'avais donc poursuivi :

– J'imagine que vous, madame, vous ne mangez que du bio ?

– Bien évidemment, avait-elle répondu en me prenant de haut.

– Et vous vivez ici, dans la région ?

– Tout à fait.

Je me régalais déjà de la suite que j'allais donner à notre entretien :

– Vous aimez les ananas ? Vous en mangez parfois ?

– Bien sûr, avait-elle renchéri. Et les ananas aussi, je les mange bio.

– Super. Et nous savons vous et moi que les ananas poussent ici, naturellement, à l'endroit même où nous vivons, n'est-ce pas ? Le climat français est tout à fait adapté à la culture de l'ananas.

– Bien sûr que non, m'avait-elle lancé en plein visage.

Je sentais bien qu'elle avait dû se retenir pour ne pas me traiter d'idiote voire pire.

– Et donc, puisque nous sommes d'accord sur le fait que les ananas ne poussent pas naturellement dans les Alpes françaises, j'en déduis que les ananas bio que vous mangez viennent d'un autre pays ?

– Oui, ils viennent de la Réunion et la Réunion, c'est la France, s'était-elle exclamée non sans fierté.

– Certes, mais ils viennent comment de la Réunion ? En avion, en bateau, en camion ou à la nage peut-être ?

J'adore l'humour, c'est mon arme fatale et je déplore le fait que ce type d'arme soit si peu ou si mal utilisé. Aucune réponse de mon interlocutrice. J'avais enfoncé un peu plus le clou. Serais-je à ce point dénuée de bons sentiments ? Allez savoir...

– Et nous savons toutes deux également que les avions, les bateaux et les camions utilisent des carburants bio non polluants, n'est-ce pas ?

La femme avait tourné les talons, visiblement très en colère. Mon petit marchand de pommes, devant lequel s'était déroulé notre échange, m'avait souri :

– Faudrait que je vous engage pour faire ma promo ma p'tite Dame, vous l'avez bien mouchée celle-là.

— Si seulement cela pouvait servir à quelque chose et faire en sorte qu'elle s'interroge vraiment et qu'elle révise ses croyances théoriques, avais-je dit au brave homme.

— Allez savoir, avait-il continué. À force de semer vos graines, il y en a bien l'une ou l'autre qui va se mettre à germer.

Qu'est-ce que j'aime le bon sens de ces gens de la terre. Ce sont eux qui ont tout compris, ces personnes simples et humbles, profondément ancrées à ce sol qui nous nourrit et qui vivent en harmonie avec tous. Ces gens-là ne sont pas dans la théorie, ils ont naturellement la capacité de dépasser l'immense barrière mentale/émotionnelle et ont un accès direct à la vérité et non à un reflet déformé d'un concept se basant vaguement sur des vérités déjà observées par d'autres et non expérimentées par eux-mêmes.

Mon repas terminé, je me lève et quitte mon petit resto. J'ai un réel besoin de sortir de la ville et de m'immerger dans la nature. Il ne s'agit ni d'un vague désir ni d'un éventuel caprice. J'ai besoin de me confronter à ma Mère, la Terre, afin qu'elle m'enseigne sa sagesse. Cela sera-t-il possible ? Ramon propose-t-il à certains de ses patients la possibilité de rester dans un logement plus traditionnel, plus proche de ses traditions et de son peuple ? Quels seraient les critères à remplir pour y avoir accès ? L'intention est posée, le souhait est exprimé consciemment avec, pour base, un réel besoin de tout mon être. L'Univers y répondra de la façon la plus juste pour tous.

Mon Ego est puissant et rebelle, c'est un fait. Mon corps me fait mal, tout le temps. Il me parle un langage clair et précis que je refuse encore d'écouter et mes puissants états émotionnels me mènent toujours par le bout du nez. Je suis rebelle, quitte à en crever. Orgueil quand tu me tiens. Et me voici ici, en Équateur, prête à faire le grand saut. Même pas peur, même pas mal. Ah oui ? Tu parles, je suis pétée de trouille. Mon corps et mon Âme souffrent avec une intensité indescriptible. Que faire de la puissance énergétique de mes émotions ? L'étouffer ou la canaliser ? Et si plutôt que de continuer à me détruire, j'utilisais cette puissance pour me guérir et me construire ?

Ramon

J'ai passé une nuit mitigée, toute excitée à l'idée de LA rencontre du jour. Levée dès l'aube, c'est-à-dire vers six heures, je me douche et j'attends plus ou moins patiemment l'heure de prendre le petit déjeuner. Je n'ai pas particulièrement faim, mais cela me fera passer le temps et peut-être que cela dénouera la boule qui me pèse dans l'estomac. À huit heures, je suis de retour dans ma chambre, prête à prendre le taxi pour me rendre au domicile du chamane. J'attends encore en me disant qu'il n'est pas correct de se pointer chez les gens avant neuf heures du matin. On est bien élevé ou on ne l'est pas.

La télé des autres occupants de l'hôtel a encore vomi toute la nuit son monologue assourdissant. Alors qu'elle s'était un peu calmée, ma toux sèche est revenue et je sens qu'elle contribue à mon épuisement. Mon nez est totalement bouché. Non, je ne peux absolument pas m'imaginer passer le mois suivant dans cet hôtel en ville. Je me souviens encore que Ramon m'avait dit qu'il m'accompagnerait pendant dix jours. Entre dix jours et un mois, il y a de la marge, il ne faut pas être Nobel de mathématique pour s'en rendre compte. Je ne me pose pas de question concernant l'après-rencontre avec l'*uwishin*. Tout étant toujours possible et ne sachant pas dans quel état je serai demain, je me dis que je verrai le moment venu.

Neuf heures, enfin. Je confie mon sac à dos à la patronne de l'hôtel qui le met en sécurité jusqu'à mon retour. Ne sachant pas si je vais rester ou si je vais poursuivre mon périple en forêt, il me faut libérer la chambre. Une fois dans la rue, il est très facile de trouver un taxi. Ils sont partout, tout le temps. La plupart de ces taxis sont des pick-up jaunes qui transportent absolument tout et n'importe quoi. Lorsque la cabine est pleine, les autres passagers montent dans la benne avec les bagages et éventuellement, les animaux. Tant qu'à faire, il est important de rentabiliser la course d'autant que les tarifs sont vraiment dérisoires. Je demande au chauffeur de m'amener à la casa de Ramon. Aucune question ni hésitation de sa part et nous nous éloignons rapidement du centre. Aux abords de la ville, la route goudronnée devient une piste de terre plus ou moins boueuse et surtout très défoncée. Le trajet est court et le taxi s'arrête devant une maison plus ou moins isolée entourée par une palissade basse en bois et de nombreux arbres.

Je descends et paie ma course. Je suis attendue. Sur le pas de la porte, un homme souriant m'accueille :

– Bonjour, me dit-il en français avec un accent absolument charmant.

Alors là, c'est trop fort ! Et quand je pense que je me suis demandé comment j'allais faire pour comprendre et me faire comprendre, voilà que l'Univers met sur ma route quelqu'un qui parle ma langue maternelle. Elle n'est pas belle la vie ? Partagée entre étonnement et soulagement, j'avance vers l'homme.

– Ramon ? lui dis-je, incrédule.

Même si sa ressemblance avec Ramon est frappante, l'homme qui m'accueille me paraît bien jeune par rapport à la photo que j'ai vue sur internet.

– Non, me répond l'homme en éclatant de rire. Je suis Teo, l'aîné de ses fils.

Et tout cela en français ! J'hallucine et le soulagement l'emporte définitivement sur l'étonnement. Je n'ai toujours pas répondu à son bonjour et lui pose une seconde question :

– Et tu parles français ?

– Un petit peu.

Son visage est ouvert, ses yeux rieurs, il ouvre les bras pour m'accueillir.

– Et je parle anglais aussi, continue-t-il.

– Alors ça, c'est vraiment *cool*, parce que moi je ne parle pas du tout espagnol.

– Mon père et moi l'avions compris quand nous avons lu tes e-mails, dit-il en éclatant à nouveau de rire.

Le pied ! Comme quoi, il n'y avait vraiment pas lieu de s'inquiéter. Qu'est-ce que je peux me stresser pour n'importe quoi alors que la vie est si simple ! Il suffit juste de faire confiance, non ? Je suis aux anges. Je ne parle pas espagnol, Ramon ne parle pas français et voilà que tombe du ciel un interprète shuar qui se débrouille un peu en français et encore plus en anglais. Et bien entendu, il parle aussi espagnol et shuar. Définitivement, les Esprits sont avec moi dans ce voyage ! J'ai bien fait de venir.

Le jeune homme me fait entrer dans une vaste pièce qui fait office de salon. Il y a un grand canapé d'angle, un gros pouf, une table basse et... une télé ! Non, je ne rêve pas, il y a bel et bien une télé. Mais qu'est-ce que j'imaginais donc ? Que Ramon et sa famille vivaient au fin fond de la forêt en pagne et dans des huttes ? Mais oui, bien sûr et c'est depuis sa hutte que Ramon a eu un accès internet pour répondre à mes e-mails... Et puis les marmottes, elles emballent le chocolat dans les montagnes suisses... Je ris.

Teo m'invite à m'asseoir et me propose quelque chose à boire. Je décline en lui expliquant que je viens de prendre mon petit déjeuner. Les yeux du jeune Shuar pétillent, pleins de malice. Je me sens en confiance et la boule qui pesait dans mon ventre se dissipe. Il s'assied en face de moi, à l'autre bout du canapé, et me parle de lui. Il m'explique qu'il parle anglais et français parce qu'il a passé six mois au Canada pour ses études. Il est revenu en Équateur en janvier, moins d'un mois avant mon arrivée. Il me questionne ensuite par rapport à ma démarche pour rencontrer son père. D'où est-ce que je viens, est-ce que je vis en ville, suis-je mariée, ai-je des enfants, quel est mon travail, qu'est-ce que je mange, comment je vis ? Je réponds brièvement aux questions pratiques et m'étends plutôt sur ma démarche personnelle, ma vision du monde et mes ressentis intérieurs. Toutefois, à aucun moment, je ne parle de mes capacités naturelles de perception. Non pas que je ne fasse pas confiance à Teo, mais simplement parce que je ne souhaite pas influencer ce qu'il perçoit de moi.

J'apprends ensuite que le jeune homme est lui aussi chamane, comme son père, et que c'est celui-ci qui l'a principalement formé. Pour appuyer ses dires, il se lève et avance vers moi. Il s'accroupit et sans prévenir, appuie son index dans le creux poplité interne de mon genou gauche. La douleur est fulgurante tandis que Teo me dit, calmement :

— Tu as un problème là, je l'ai vu quand tu marchais.

Tout va très vite. Moi qui suis pourtant super rapide, sous l'effet de la surprise, je n'ai pas eu le temps de réagir. La douleur disparaît instantanément et j'en suis ravie. Cela faisait plusieurs mois que je me traînais cette gêne et que je n'avais pas pris le temps de me pencher sur sa symbolique. Tout s'éclaire alors : le côté gauche représente le Féminin et le genou représente la résistance voire le refus de plier et d'accepter d'avancer vers quelque chose de nouveau, d'incertain, et donc de potentiellement insécurisant. Probablement très loin de mon cheminement mental, le jeune chamane a mis à jour et a guéri, en un seul geste et en une fraction de seconde, une blessure émotionnelle qui s'acharnait à être entendue en perturbant ma motricité. Entre la descente du taxi et l'entrée de la maison, j'ai dû parcourir à peine dix mètres. Je suis bluffée. Je me dis que si Teo est à ce point efficace, qu'est-ce que ce sera avec son père ?

Alors que le jeune homme retourne s'asseoir à sa place, une voiture se gare devant la barrière. Teo, assis le dos face à la porte d'entrée restée ouverte, se retourne pour voir qui arrive.

– Voilà mon père, dit-il.

Re boule au ventre. Ça y est ! Il est là ! Mon chamane, mon *uwishin* tant attendu. Je me sens fébrile. Ramon entre dans la pièce et je le reconnais. Il me sourit, mais son sourire est très différent de celui de Teo. Je le sens paisible. Il s'approche de moi et me fait une brève étreinte à la fois sincère et réservée.

– *Benvenido. Mi casa es tu casa.*

Facile à comprendre, mais je ne réponds rien, subjuguée que je suis par la présence de cet homme. J'en ai les larmes aux yeux.

Ramon est de petite taille, plus petit encore que Teo que je dépasse de plusieurs centimètres. Il s'assied sur le pouf à égale distance de son fils et de moi et puis, il parle. La première chose qu'il me dit est qu'il est indispensable que je lui fasse totalement confiance tout comme il est indispensable qu'il me fasse totalement confiance. Aucun souci pour moi, car depuis qu'il est entré dans la pièce, je suis dans une période bénie de lâcher prise. J'ignore comment je fais, mais je comprends absolument tout ce qu'il me dit. Je ne pourrai par contre que lui répondre en français et Teo se chargera de la traduction.

Le chamane me demande alors pourquoi je suis là, qu'est-ce que je suis venue chercher. Deux mots me viennent spontanément : stabilité et équilibre. Je réponds :

– Je suis venue chercher la stabilité dans l'équilibre.

Ramon me regarde et s'il est étonné, il ne le montre absolument pas. Pour tenter de mieux me faire comprendre, je me lève afin de mimer ce que je ressens au quotidien. Je marche sur une ligne imaginaire et je bascule une fois d'un côté, une fois de l'autre. Je lui explique que je n'arrive pas à être stable comme la plupart des gens, qu'il m'est impossible d'avoir une humeur égale et des comportements linéaires et lisses. Je poursuis en lui disant que tous ces changements constants compliquent énormément mes relations avec mes semblables et que moi, cela me fatigue beaucoup.

– Ce qui te fatigue, c'est que tu n'acceptes pas cette instabilité.

J'entends sa réponse, mais je ne prends pas le temps de la laisser me toucher au Cœur. Je poursuis encore en donnant un exemple très concret à Ramon :

– C'est comme quand je suis en voiture. Si je ne regarde pas devant moi pendant que l'autre conduit, je vomis. Je ne peux pas lire, j'ai besoin de regarder devant moi. Il y a tout qui bouge autour de moi et si je ne suis pas le mouvement, je vomis. J'aimerais que le mouvement ne me touche pas, ne m'atteigne pas. Tu comprends ?

Je m'arrête enfin, me rassieds et regarde Ramon qui, impassible, me répond :

– Ça, c'est normal.

– Qu'est-ce qui est normal ? Vomir en voiture, c'est normal ?

– Oui. Quand on est en voiture, on est en voiture. Pourquoi veux-tu faire autre chose en même temps ? Pourquoi veux-tu lire ?

Je ne sais pas quoi lui répondre. Je sens que si je me lance dans des explications de lecture de carte routière, il va me répondre une évidence qui m'échappe encore. Je ne suis pas certaine de comprendre sa logique là, dans l'instant. Ce que je sais en tout cas, c'est que sa réponse m'a tout de suite calmée et que le chamane peut alors poursuivre son enseignement. Il me parle alors des énergies, des polarités de ces énergies, les positives et les négatives, que la vie est faite de joies et de peines et que l'équilibre se trouve dans l'acceptation de ce que l'on considère souvent comme des opposés, mais qui sont en fait des compléments. Nous portons cette dualité en nous et celle-ci peut soit nous diviser soit nous enrichir. Il n'y a pas de bien et de mal, il n'y a pas de choix à faire entre le positif et le négatif, il y a à intégrer les deux. Si j'accepte cela, me dit-il, et si je l'intègre, alors tout ira bien pour moi. Ramon tient un discours qui est le mien depuis toujours. Serais-je donc normale en dépit de tout ce que mes détracteurs ont voulu me faire croire pendant toutes ces années ? L'avenir me paraît déjà un peu plus prometteur.

Je comprends ce que me dit Ramon. Jusque-là, je sentais que je marchais sur une corde raide et qu'à tout moment je pouvais basculer. J'oscillais entre ce que je pressentais de moi-même et la façon dont le monde extérieur me percevait, entre ma vérité intérieure et leur vérité issue de leurs croyances et de leurs expériences. Le symbole Yin/Yang apparaît dans mon esprit et je me vois marcher sur la ligne qui sépare le noir du blanc, les bras tendus comme un funambule. Cette situation est inconfortable et potentiellement dangereuse et voilà pourquoi je cherche à être stable dans l'équilibre entre ces deux polarités. Et puis voilà qu'en quelques phrases prononcées en espagnol par un petit chamane shuar, je comprends enfin que je peux englober ces deux polarités, qu'il est juste de ne pas choisir entre l'une ou l'autre et que le monde entier continue à se leurrer en se bornant à séparer le bien du mal, le jour de la nuit, le Masculin du Féminin. Je me vois alors en train de marcher d'un pas à la fois léger et assuré à l'extérieur du cercle qui renferme le symbole. Soulagement. Apaisée, je me détends dans le canapé et j'ajoute :

– Je suis aussi venue pour mourir et renaître.

Ramon me répond :

– Ça, ce ne sera pas difficile, car tu es déjà presque morte.

Alors que je venais juste de me détendre comme l'aurait fait un marshmallow au-dessus de la flamme, mon corps se glace et se raidit en une fraction de seconde. Tandis que moi je parle – du moins c'est ce que je crois – en langage symbolique, Ramon me répond au premier degré, terre-à-terre. J'entends un petit ricanement nerveux qui s'élève du fond de ma gorge et qui tente, bien inutilement, de me maintenir à flot. Peine perdue, la peur m'étreint et m'attire vers le fond. Inutile de crâner et de faire ma maligne, je reconnais que je n'en mène pas large. J'imagine que j'ai dû changer de tête, mais le chamane, toujours imperturbable, poursuit :

— Pour nous les Shuars, il existe trois dimensions principales dans lesquelles les déséquilibres énergétiques vont s'exprimer : la dimension spirituelle, la dimension mentale et la dimension physique. Bien entendu, toutes ces dimensions sont liées et une problématique qui se manifeste dans une dimension aura également un impact dans les autres. Pour vous, les Occidentaux, c'est souvent la dimension mentale qui est principalement touchée. Les désordres dans cette dimension troublent la vision que vous avez de la réalité. Vous croyez que ce que vous voyez est vrai alors qu'en fait il ne s'agit que d'un reflet de la vérité déformé par vos pensées et vos émotions. Ensuite, comme vous croyez que c'est la vérité, vous projetez en réaction cette vision déformée qui finit par se matérialiser et qui est à l'origine du monde tel que nous le connaissons aujourd'hui.

Ramon en conclut que puisque je suis une Occidentale, je fonctionne comme les autres Occidentaux, que c'est donc ma dimension mentale qui est affectée et que, par conséquent, c'est celle-ci qu'il faudra traiter. Je me tais. Je ne lui dis pas que je vois au-delà de l'illusion, je ne lui dis pas que je fonctionne autrement que la plupart de mes semblables. Que va-t-il découvrir ? J'ai confiance. Tout sera bientôt révélé.

Là encore, je ne cherche pas à tendre un quelconque piège à l'*uwishin*. Je suis ici comme n'importe lequel de ses patients, je suis en souffrance, je souhaite être soulagée et je lui demande son aide. J'ai le désir de délivrer mon Âme afin de la laisser s'exprimer librement, sans contrainte. Serais-je moi aussi dans l'illusion, dans l'illusion de voir au-delà de l'illusion ? C'est possible et cela corroborerait d'ailleurs ce que j'entends à mon sujet depuis toutes ces années : je suis une personne émotionnellement instable, au système nerveux fragile et cela fait de moi un être potentiellement dangereux pour les autres et pour la société. Je ne rentre pas dans le rang, je mets le désordre là où règne l'ordre établi.

Ramon aborde maintenant les questions pratiques et il me rappelle le tarif qu'il me demande pour cet accompagnement. Je sors mon petit portefeuille et lui tends quatre cents dollars. Il me remercie et me demande ensuite où je loge. Je cite l'hôtel Don Bernardo, mais dans la foulée je tente ma chance en lui parlant de mon besoin d'aller en forêt. Sa réaction est spontanée :

– Non non la forêt, ce n'est pas possible pour toi.

Ne me laissant pas le temps d'argumenter, Teo prend aussitôt la parole. Il s'exprime en espagnol et là encore, je comprends tout ce qu'il dit. Alors que lui et moi n'avions absolument pas abordé le sujet avant l'arrivée de son père, il explique à ce dernier tout ce que je lui avais dit avant que Ramon ne nous rejoigne et il lui affirme que j'ai vraiment besoin d'aller en forêt et que je serai parfaitement capable de gérer cela. Je l'entends terminer en disant :

– Elle n'est pas comme les autres, tu verras. Elle peut le faire.

Ramon ne semble pas partager l'avis de son fils. Teo insiste, l'*uwishin* me regarde. Je tente de maintenir une certaine contenance. J'admire la façon dont ces deux hommes échangent, d'égal à égal. Nul conflit de génération ou de guerre d'Ego entre deux chamanes. Tandis que le père me scrute, le fils continue à exposer ses arguments et au final, Ramon se laisse convaincre. Il m'annonce qu'il me ramène à l'hôtel et que cet après-midi, il viendra me chercher pour m'amener en forêt, à Dormición. Ô joie ! Ô bonheur suprême ! Les Esprits m'ont entendue ! Plus de bruit, plus de télé, plus de civilisation. Je plane déjà.

– Et ce soir, poursuit Ramon, tu prendras ta première ayahuasca.

Oups ! J'avais presque oublié pourquoi j'étais venue. Je passe de la jubilation à l'appréhension à la vitesse d'une girouette bousculée par des rafales de vent. Ramon a quitté la pièce et je reste seule avec Teo qui m'observe en souriant puis il se lève, se dirige vers ce qui semble être la cuisine et revient avec un morceau de papier et un crayon.

– Combien paies-tu la chambre à l'hôtel Don Bernardo ? me questionne-t-il.

Je lui communique le tarif.

– Et tu reprends l'avion dans combien de jours ?

Sa question est très précise, je l'ai bien comprise et je lui donne la date exacte de mon départ de Guarida. Il compte sur ses doigts le nombre de jours entre ce lundi et le jour de mon départ puis il note ce nombre sur son morceau de papier et il multiplie le prix de la nuitée à l'hôtel par le nombre de jours qu'il me reste à passer dans le pays. Teo sait-il que son père ne s'est engagé vis-à-vis de moi que pour une dizaine de jours ? Quoi qu'il en soit, il ne se pose même pas la question – et ne me la pose pas non plus – de savoir si j'ai d'autres projets que les soins avec le chamane comme, par exemple, faire un peu de tourisme. Il reste un court moment pensif devant le nombre qu'il a obtenu puis il me regarde :

– Pour passer toutes ces journées à Dormición, je te propose de payer la moitié de ce que tu devrais payer à l'hôtel. Ça te va ?

Il me tend la feuille après avoir entouré le résultat de ses calculs. Je n'en crois pas mes oreilles. La moitié, c'est vraiment vrai ? Je veux être certaine d'avoir bien tout compris et lui demande à mon tour :

– Tu me demandes de payer ça pour le reste de mon séjour, jusqu'à ce que je parte ?

J'insiste bien en posant mon doigt sur le papier.

– Oui, répond-il. Ça te va ?

– Bien sûr que ça me va ! dis-je en ouvrant mon portefeuille et en lui tendant deux cents dollars.

Je me dis que je viens de faire une sacrée affaire, imprévue dans le calcul de mon budget. C'est tout bénef pour moi et je remercie chaleureusement Teo.

Dormición

Ramon a appelé un taxi et celui-ci me dépose devant l'hôtel. Je m'engouffre aussitôt dans le hall pour annoncer à la patronne, non sans fierté, que ça y est, je vais en forêt. Si elle est surprise, elle n'en laisse rien paraître. Elle accepte de garder mon sac jusqu'en début d'après-midi afin que je me sente plus libre pour aller faire un dernier tour en ville. Il pleut abondamment.

En début d'après-midi, Ramon arrive, ponctuel. La pluie a totalement cessé. Je jette presque mon gros sac dans la benne de son pick-up avant de monter à mon tour. Le véhicule est énorme comparé à la taille du chauffeur. J'observe que le siège du chamane est avancé au maximum et que lui-même est assis sur le bord afin que ses pieds atteignent les pédales. Quant à ses yeux, ils sont à peine plus hauts que le volant. Je souris tant je trouve cet homme adorable. Ramon se sentant observé se tourne vers moi. Tout son visage est lumineux et il émane de lui comme une joie paisible, rien d'émotionnel. Il m'explique qu'avant d'aller en forêt, il va me présenter quelqu'un. Il démarre la voiture, s'engage dans la rue et à quelques mètres à peine de l'hôtel, fait un demi-tour et gare le véhicule au bord du trottoir d'en face, juste devant l'hôpital. Le chamane m'explique quelque chose que je ne comprends absolument pas et il me fait signe de descendre. Je l'attends devant le muret qui délimite le périmètre du centre de soins tandis qu'il entre à l'intérieur pour en ressortir, presque aussitôt, accompagné d'une femme portant une blouse blanche. Ciel, le corps médical s'en mêlerait-il ? Comment expliquer à Ramon que je n'apprécie pas vraiment les méthodes de la médecine conventionnelle et que la présence d'un médecin ou d'une infirmière n'a pour moi rien de bien rassurant, tout au contraire ? La femme s'approche de moi et me tend la main, tout sourire elle aussi. Ramon me la présente, il s'agit de son épouse, Mariela. Soulagée, je la salue poliment et nous la quittons ensuite rapidement pour prendre la route qui me mènera enfin dans la forêt tant désirée.

Deux mondes se côtoient. Le contraste entre la ville et la forêt est saisissant. Alors que la ville est triste et grise lorsqu'il pleut, en forêt, les gouttes d'eau rehaussent la beauté des différentes couleurs. Le vert est dominant bien entendu, une couleur que j'affectionne tout particulièrement. Le vert m'apaise, il me fait respirer mieux, plus profondément. J'inspire donc à pleins poumons les senteurs agréables des arbres, de la terre, de la nature tout entière et une quinte de toux me saisit et gâche mon plaisir. Nous traversons un solide pont en bois et tout en tendant le doigt vers l'eau qui se déverse avec puissance et dans un fracas tonitruant, Ramon me présente le Rio Tutanangoza. Je laisse l'émerveillement s'emparer de moi, mais voilà que mon mental joue les trouble-fêtes en me rappelant que dès ce soir, je rencontrerai la première plante maîtresse, la très célèbre ayahuasca.

Je connais parfaitement le pouvoir de mon mental conscient et sa capacité à saper un état émotionnel agréable. Toutefois, alors que son rôle serait de tempérer mes émotions avant que celles-ci ne m'envahissent, il le fait d'une façon si radicale et désagréable qu'il nourrit d'autres émotions tout de suite moins sympathiques. En conscience donc, je me fais une petite gymnastique mentale, un dialogue intérieur entre moi et moi, je négocie une trêve avec la peur. Mais la peur de quoi au juste ? Peur de perdre le contrôle ? Peur que la vérité soit enfin révélée ? Peur de découvrir qui je suis réellement ? Et si je n'étais qu'une illusion de moi-même ? Et d'ailleurs, qui suis-je ? Je laisse aller toutes ces questions et tente de me convaincre que je vais renouer avec ma Mère, la Terre. Je laisse la peur faire son chemin, je la laisse exister, je ne cherche pas à la fuir ni à la rejeter ni à faire comme si elle n'existait pas. Elle a son utilité, elle m'enseigne les limites à ne pas franchir et que j'ai toujours aimé repousser. Je connais bien la peur, cette vieille compagne sur laquelle je me suis appuyée pour crier ma colère et ma rage. Aujourd'hui, j'apprends à l'accueillir avec plus de douceur et lui présente une nouvelle alliée qui a elle aussi toujours été là au plus profond de moi, mais dont l'existence avait été occultée toutes ces années : la confiance. Peu à peu, la peur qui aurait pu à terme me paralyser se transforme pour n'être plus qu'une faible appréhension. Le conditionnement que mon mental était en train de mettre en place s'arrête de lui-même et je vis un lâcher-prise total. En équilibre, je suis dans l'instant, je suis l'instant. Tout est juste et bien.

La casa en el pueblo

J'ignore depuis combien de temps nous roulons, mais nous nous enfonçons de plus en plus en forêt. La piste est large et dégagée, quelques maisons apparaissent çà et là. Il n'y a aucune barrière. Chiens, chats, poules et poulets, tout le monde se côtoie sans animosité apparente, libre d'aller et venir. Quelques vaches, dont une longue corde attachée à leurs cornes les relie à un piquet en bois, se nourrissent paisiblement de l'abondance que la forêt met à leur disposition. Un cheval, lui aussi longuement attaché, se met à l'abri des insectes à l'ombre d'une immense feuille de bananier. Tout est généreux ici. J'en pleurerais presque de bonheur et puis nous arrivons.

Ramon me parle et je fais un effort pour comprendre ce qu'il me dit, en vain. Je me rends compte dans quelle mesure je comprends lorsqu'il me parle des aspects non manifestés, des énergies, de la spiritualité et dans quelle mesure je bloque toute compréhension lorsqu'il me parle de choses très concrètes, terre à terre. Je sais qu'il n'existe aucune séparation entre la réalité et l'une de ses manifestations, mais voilà, je mets une barrière dès qu'il s'agit de la matière.

Le chamane arrête la voiture devant un enclos délimité par une clôture, des piquets de bois et du fil barbelé sur plusieurs hauteurs. À l'intérieur de l'enclos se dresse une grande maison traditionnelle shuar construite en bois, en bambou et dont le toit est couvert de feuilles de palmier. Nous franchissons le portail. Ramon continue de me parler et je comprends que c'est lui et sa famille qui ont construit l'habitation. Nous entrons. La *casa* est séparée en deux pièces. Dans la pièce à vivre, il y a un hamac accroché dans le sens de la largeur et dans un coin sur la droite, un réchaud à gaz pour cuisiner. De l'autre côté de la cloison, la pièce est plus petite et j'y trouve un lit double dont le sommier est fait de feuilles de palmier. Ramon me montre également un téléphone filaire posé sur une petite étagère en bois. Ce qui fait office de mur extérieur est fabriqué avec des tiges de bambou coupées en deux et assemblées les unes aux autres. La lumière du jour y passe largement et l'extérieur est visible. Le passage d'une pièce à l'autre est séparé par un drapeau qui fait office de porte.

Nous sortons ensuite et le chamane me fait visiter les installations extérieures. Un bloc sanitaire en béton a été construit à quelques mètres de la maison : une douche, des toilettes, un lavabo et un évier pour la vaisselle. L'espace du lavabo et de l'évier est ouvert tandis qu'un rideau occulte la douche et les toilettes. Je suis un peu déçue par tant de modernité. Comment ? Je ne vais pas vivre à moitié nue au fin fond de la forêt, dormir dehors dans un hamac en compagnie des moustiques, des araignées et manger des vers cru ? Je crois bien que je m'imaginais comme ces explorateurs d'une autre époque qui découvraient des civilisations encore inconnues et préservées. Mais comment cela aurait-il donc pu être possible alors que le chamane m'avait répondu par e-mail ? La confrontation avec la réalité me fait sourire tout en me ramenant, une fois de plus, sur terre.

Je suis Ramon qui m'entraîne vers le Rio. Sur notre chemin se trouve un espace ouvert circulaire, une sorte d'abri. Des poteaux en bois soutiennent une toiture faite de feuilles de palmier. Entre les poteaux, il y a des bancs et enfin au centre du cercle, une table en bois et quelques fauteuils de jardin en plastique blanc. Un peu plus loin, au bout du terrain, un vaste trou carré et profond fait office de mini décharge à ciel ouvert. J'y aperçois, entre autres, des plumes et des os de poulet, des déchets de fruits, mais aussi des sacs plastiques, des bouteilles de soda, des bouteilles de bières et d'alcools en verre et un nombre incalculable de capsules en métal. Quelques marches creusées à même la terre nous permettent de descendre vers le Rio, de larges et hauts bambous poussent sur les berges parmi de nombreuses autres espèces d'arbres. Le bruit que fait l'eau est assourdissant et continu, le débit est puissant.

Avant de me quitter, Ramon me rappelle de toujours bien rester dans l'enceinte et de ne jamais en sortir, sous aucun prétexte. Il me dit que le numéro de téléphone de son domicile est indiqué sur le téléphone filaire et que je dois l'appeler si j'ai besoin de quelque chose. Il finit enfin en me rappelant qu'il viendra ce soir pour m'accompagner à la rencontre de l'ayahuasca.

Pourquoi ce lieu est-il le seul qui soit clôturé ? Est-ce pour protéger ceux qui y résident des animaux sauvages ou d'Indiens trop curieux ? Ou à l'inverse, est-ce pour protéger les Indiens de la présence des Occidentaux ? Qui vient ici ? Toutes les cérémonies et les soins tenus par Ramon se déroulent-ils en ce lieu ?

Une fois l'*uwishin* parti, j'entreprends de nettoyer mon nouveau royaume. Tout n'a pas été jeté dans la décharge. Je suis surprise de découvrir le site dans cet état. Qui a fait cela ? Où est le respect pour la *Pachamama*, la Terre Mère ? Y a-t-il une conscience de la pollution que ces déchets engendrent et des conséquences sur les organismes vivants ?

Une fois les questions formulées en mon for intérieur, je perçois un dégagement dans le flux de mes pensées. Assez étonnamment, je dois bien l'admettre, mon mental ne cherche pas à répondre aux questions qu'il se pose. Dans le silence intérieur ainsi trouvé, je me laisse pénétrer par les énergies environnantes, les sons, les odeurs, les couleurs. L'après-midi s'écoule paisiblement, je me détends et ne pense plus à rien. Je suis ici et maintenant. Tout est bien.

Ayahuasca, première rencontre

Il fait nuit depuis un bon moment et la forêt est bruyante, vivante. Le Rio gronde sans discontinuer. Il fait un petit peu frais. Puis, un bruit de moteur, les phares d'une voiture, des voix. Ramon et sa femme viennent me saluer, ils ont apporté des draps et une légère couette. Mariela et moi préparons mon lit et Ramon m'explique ensuite que sa femme et lui vont dormir ici cette nuit, dans la pièce à vivre, tandis que je dormirai dans la chambre.

Nous nous rendons ensuite tous les trois à l'extérieur, sous l'abri. L'*uwishin* installe un fauteuil de jardin au centre du cercle et dépose plusieurs objets sur la table. Il me dit de m'asseoir, je m'exécute. Mariela est avec nous. Un autre véhicule arrive, des personnes en descendent et pénètrent dans l'enclos. Elles parlent à peine et à voix basse. Qui sont ces visiteurs et combien sont-ils ? Aveuglée par les phares qui restent allumés alors que le moteur est éteint, je ne distingue ni le nombre ni les formes des nouveaux venus. Ces personnes s'asseyent à l'extérieur du cercle, elles ne s'installent même pas sur les bancs. J'ignore qui elles sont et si elles vont participer à la cérémonie ou simplement y assister en tant que spectateurs.

Je commence à me sentir impressionnée et des tremblements me secouent intérieurement. La température s'est certes rafraîchie, mais je sais bien qu'elle n'est pas seule responsable de mes frissons. J'ai lu quelques témoignages de personnes qui, ayant pris l'ayahuasca, ont eu des comportements plutôt extrêmes. Qu'en sera-t-il de moi ? Ramon ne m'a même pas demandé si j'avais déjà pris la plante. Je me demande vaguement ce que les spectateurs pourront penser de moi, mais j'avoue que ce n'est pas ma préoccupation principale. La présence de Mariela me rassure, non pas parce qu'elle travaille à l'hôpital, mais parce qu'elle est une mère et que je la sens pleinement capable de prendre soin des autres. Pour moi, une mère est sécurisante, elle rassure par sa simple présence. Fantasme ou réalité ? Je pense à ma propre expérience, depuis ma conception jusqu'à aujourd'hui en passant par ma naissance et mon enfance. Bref, durant toute mon existence, la vie m'a fait expérimenter le contraire. L'énergie qui émanait et émane encore de ma mère biologique est plutôt synonyme d'insécurité et de danger latent. Sa seule présence ne m'a jamais rassurée et alors que j'avais besoin de me sentir protégée, j'ai dû fuir et assurer seule ma propre survie. Être à son contact me faisait inéluctablement plonger vers le fond et me mettait en danger de mort. Dès l'âge de dix-neuf ans, j'ai pu, physiquement, mettre un peu de distance entre elle et moi. J'ai alors entrepris un long sevrage pour me défaire de la dépendance affective qui me faisait malgré tout irrémédiablement retourner auprès de celle que je considérais comme mon bourreau. La distance géographique ne règle pas tout, mais elle m'a permis toutefois de porter un autre regard – un regard plus extérieur – sur ce que je percevais de ma vie et lentement, à mon rythme, j'ai commencé à prendre un peu de distance intérieure. J'ai recherché toute ma vie la sécurité sans vraiment l'avoir découverte en moi et voilà qu'à plus de huit mille kilomètres de ma mère biologique, de Ludovic et de mon quotidien, je trouve cette sécurité auprès d'une inconnue, d'une femme dont j'ignore tout, mais qui émane le don désintéressé. Mariela ne manifeste rien que je puisse interpréter comme une éventuelle marque d'affection de sa part envers moi. Elle est là, simplement, et cela suffit. J'ai l'impression d'être chez moi, à ma place, et un sentiment de paix m'envahit. Les tremblements disparaissent.

Sur la table, le chamane a posé diverses bouteilles en plastique emplies de liquides et des petits bols. Je vois, je regarde, mais mon cerveau n'enregistre pas les détails. Ramon prend une gorgée de liquide et la garde dans sa bouche. Il s'approche face à moi et m'asperge le dessus de la tête avec le liquide qu'il vient de prendre. Il répète ces gestes à plusieurs reprises : gorgée dans la bouche puis aspersion sur mes épaules, mes bras, mon tronc et mes jambes qui sont ainsi enduits d'un liquide dont l'odeur me rappelle vaguement celui de la menthe. Ensuite, l'homme me montre un récipient :

– Tabac, me dit-il.

Il verse un peu du jus de tabac dans la paume de sa main et l'aspire par les narines. Il me fait signe de tendre une main, spontanément je lui présente la gauche.

L'*uwishin* verse un peu de jus dans ma paume, il tient ma main et la guide vers mes narines. J'aspire le liquide. La sensation est surprenante et un peu désagréable, le jus de tabac pique l'intérieur de mes narines, je le sens parcourir mes sinus, descendre ensuite dans ma gorge pour s'écouler enfin dans mon estomac. Je ressens un haut-le-cœur, une vague envie de vomir. La quantité est minuscule, mais déjà bien suffisante. Au passage du liquide, tout mon corps réagit par des picotements internes et une vague sensation de brûlure. J'ose demander à Ramon à quoi sert le jus de tabac et il me répond que celui-ci prépare mon système nerveux afin de mieux accueillir l'ayahuasca.

J'ignore totalement ce qu'il se passe autour de moi. Je suis assise bien droite dans mon fauteuil, les bras posés sur les accoudoirs, mes yeux sont ouverts, ma tête légèrement penchée vers l'avant et j'entends la voix de Ramon, les murmures de Mariela. Il me semble que l'*uwishin* se déplace. Peut-être va-t-il offrir du jus de tabac à nos visiteurs ? Je baisse un peu plus la tête et ferme les yeux pour concentrer mon attention sur la diffusion, dans tout mon corps, de l'énergie du liquide arrivé dans mon estomac. Je me dissocie pour vivre, comme je la connais déjà, la sensation étrange d'observer de l'extérieur ce qu'il se passe et de vivre tout à la fois les ressentis et les signaux que m'envoie mon organisme. La dissociation se fait aisément, sans aucun effort, indépendamment de ma volonté. C'est un état naturel pour moi. En plus d'être à la fois spectatrice et actrice, deux autres entités s'invitent dans l'expérience : mon mental qui cherche désespérément à comprendre rationnellement ce qu'il se passe et l'émotion de la peur qui commence à malmener mes intestins. J'ai, à cet instant précis, la conscience que mon mental et mes émotions sont des entités distinctes et que ces entités ont une existence propre qui n'a rien à voir avec la mienne. Tout est rapidement amplifié. Les murmures de Mariela sont maintenant audibles comme si elle parlait à voix haute juste à côté de mes oreilles, des deux oreilles en même temps. J'ai la sensation que les visiteurs inconnus se sont rapprochés et qu'ils sont maintenant assis sur les bancs, dans le cercle. J'ai l'impression que Ramon me frôle jusqu'à me toucher à chacun de ses déplacements. Je prends conscience de la puissance du tabac, plante maîtresse à elle seule. La curiosité l'emporte sur les questionnements du mental et sur la peur qui me taraude le ventre. Je savoure, je me laisse porter. C'est comme si nous étions tous entremêlés, imbriqués les uns dans les autres.

Puis vient le tour de l'ayahusca, si attendue et si redoutée tout à la fois. Me voici face à elle, plus question de reculer. Ce n'est d'ailleurs pas mon genre, reculer. Lorsqu'une situation me fait peur, je préfère y faire face, me confronter à elle plutôt que de l'éviter. Et lorsque j'y vais, j'y vais totalement, entièrement, corps et Âme. Je suis entière, je ne fais pas dans la demi-mesure. Ce trait de mon caractère, cette détermination à braver l'inconnu, à défier mes propres limites m'a toujours assez bien servi jusqu'à présent. Pourquoi en serait-il autrement ici et maintenant, en Équateur ? Au pire, qu'est-ce que je risque ? Délirer, me souiller par mes propres fluides corporels, mourir peut-être ? Ça tombe bien, je suis venue pour ça. Ramon me tend la petite tasse et j'avale son contenu d'un trait, sans hésiter, confiante et ravie des effets que provoque déjà en moi la prise du jus de tabac. Le goût est indéfinissable, indescriptible, il ne s'approche de rien que je connaisse déjà. Mais ce goût me renvoie à la terre et aux racines. C'est très fort.

Les dés sont jetés. La plante a déjà pris possession de moi, elle va m'enseigner sans me juger, sans attendre de réponse. Je ne peux lui mentir et par conséquent, je ne peux me mentir. Ramon s'assied à côté de moi et chante pour accompagner le voyage.

Après combien de temps apparaît la première vision ? Une seconde, une minute, dix ? J'ai l'impression de flotter, je me sens très légère et je perçois toujours vaguement que je suis assise dans le fauteuil. Une magnifique et majestueuse fleur blanche immaculée est face à moi. Il émane d'elle de la grâce et de la volupté. Elle a quelque chose de sensuel qui attire et invite toutefois au respect. Sa présence emplit tout mon champ de vision et je la reconnais pour en avoir déjà vu, il s'agit d'un datura. Je me sens intérieurement éclairée par le rayonnement de lumière blanche qui émane de la fleur. Je me sens touchée au cœur, pénétrée au plus profond de moi-même. Toute mon attention fixée sur l'image, le rayonnement et le ressenti, je me laisse surprendre par la vision suivante. Au sol, un immense anaconda rampe dans ma direction. Nous nous regardons, les yeux dans les yeux, tandis qu'il approche encore. Je ne bouge pas et ne ressens ni inquiétude ni danger. Son énorme tête se plaque sur le dessus de mon pied gauche et il monte le long de ma jambe. À hauteur de mon bassin, il traverse mon ventre en oblique et continue son ascension sur le côté droit de mon tronc et sur mon bras. Je le sens, je le vois fusionner avec moi, son corps se fond dans le mien comme si une part de moi devenait lui. Fascinée par l'animal, je centre mon attention sur ce que je vis avec lui. La fusion terminée, je reprends conscience de la présence constante, pure et lumineuse de la fleur de datura. Instantanément, je comprends la représentation symbolique de ces deux entités, imbriquées l'une dans l'autre : le datura est Féminin et représente tout à la fois le rayonnement de l'esprit, principe Masculin. L'anaconda est Masculin et représente tout à la fois la matière, principe Féminin. L'un n'existe pas sans l'autre, l'un fait partie de l'autre.

J'ignore depuis combien de temps je suis là, j'ignore ce qu'il se passe autour de moi. Nous sommes debout Ramon, Mariela et moi. Les invités semblent être partis, plus de phares de voiture, aucun bruit de moteur. Je ne sais pas qui me guide en me tenant l'avant-bras, je crois que c'est Ramon. Je me sens ailleurs tout en ayant parfaitement conscience de mes pas sur le sol. Nous entrons dans la casa et mon guide m'entraîne vers le lit. Je me couche toute habillée, je me couvre et je sombre dans un sommeil profond et sans rêves.

Mardi

Quelle heure est-il ? À travers les lattes de bambou qui font office de murs, je vois qu'il fait jour. J'entends Ramon et Mariela qui s'affairent à côté puis le drapeau qui sert de porte se soulève et je vois le visage du chamane.

– *Hola* ! *Como esta* ? me demande-t-il.
– Bien, lui dis-je en souriant.

L'*uwishin* semble satisfait de mon état et m'explique qu'ils doivent partir. Il m'annonce que Teo viendra un peu plus tard pour me tenir compagnie et qu'il m'emmènera manger quelque chose à Guarida.

– Ce soir, tu viendras chez moi et tu prendras une autre médecine, finit-il avant de prendre congé.

Tandis que j'entends la voiture s'éloigner, je me lève. Je me sens bien, pas de fatigue, pas d'étourdissements, pas de faim, pas de questions. Je quitte la pénombre qui règne à l'intérieur de la *casa* pour m'aérer sous le soleil et je constate alors que ma vision a changé. Tout ce que je regarde est auréolé d'une mince couche de couleur bleue et d'une épaisseur d'environ quinze centimètres. Cela me surprend et m'amuse à la fois. Je m'approche d'un tronc d'arbre, d'une feuille, d'une banane. Oui, chaque élément de la nature a cette auréole qui suit exactement ses formes physiques. Curieuse, je m'approche du bloc sanitaire et regarde les éléments qui le composent. Chaque objet, inerte à nos yeux, est également auréolé de ce bleu, mais l'intensité de la couleur est bien plus faible que celle qui entoure les éléments vivants. Je sais que ma capacité à voir les corps éthériques va s'estomper avec le temps alors, j'en profite. Je descends vers le Rio, je scrute les arbres qui bordent l'autre rive, je m'approche des insectes, je me pose pour observer les oiseaux. La forme de chaque manifestation porte ses propres couleurs et celles-ci sont toutes auréolées de ce bleu ni clair ni sombre, mais toutefois assez soutenu. C'est magnifique et cela me met en joie. Je ris toute seule comme une enfant qui découvre la beauté du monde.

Je ressens que le moment est parfait pour célébrer la vie et je choisis de pratiquer un petit rituel. J'ai apporté avec moi, depuis la France, une mèche des cheveux de Ludovic que je conservais depuis plusieurs années. Emplie de gratitude, je les dissémine un peu partout sur le terrain qui m'accueille, je les offre à la Terre Mère sans autre intention que de remercier.

J'ai la sensation qu'ici le temps n'a plus aucune importance. Je ne le trouve ni court ni long tant il m'est possible de vivre l'instant présent. Aucune sensation d'avoir fait ou de faire encore le moindre effort pour être dans cet état. Je remarque tout de même que mon mental ne questionne pas et que mes émotions sont posées. C'est dans cet état que j'accueille l'arrivée de Teo et nous montons de suite dans le taxi qui l'a amené pour aller déjeuner en ville. Ça tombe bien, je commence à avoir faim.

Teo choisit une sorte de petit restaurant dans lequel la télévision est allumée et dont le son me perce les tympans. Je me sens instantanément intrusée, violée dans ma paix et ma joie intérieures. Une puissante émotion de colère sombre répond à ce que je considère comme une agression, mais j'arrive à la contenir, poliment. L'émotion non libérée se diffuse alors à travers mon corps, elle noue mon estomac et contracte mes intestins. Je suis sur la défensive, prête à passer à l'attaque. Teo, s'il observe ou ressent quelque chose, n'en montre absolument rien. Il passe sa commande au serveur et je me demande comment ils arrivent à s'entendre et à se comprendre. Tout cela semble si naturel pour eux et ils sont indifférents au bruit qui n'a pas l'air de les affecter comme il m'affecte. Le serveur et Teo se tournent ensuite vers moi et je commande, sans réfléchir, riz et œufs avec un café et sans lait s'il vous plaît. C'est sûr, ce n'est pas le genre de régime qui va calmer mon état émotionnel.

Teo et moi mangeons sans nous parler et une fois sorti du restaurant, je ne suis absolument pas surprise de constater que l'aura bleue qui entourait toutes les manifestations s'est ternie et a fortement diminué en épaisseur. La puissante émotion de colère qui me noue encore l'estomac – et qui est magnifiquement alimentée par la nourriture que je viens d'ingurgiter – forme une barrière épaisse entre le vrai monde, la réalité, et moi. Tout ce que je vois passe donc à nouveau par mon filtre mental/émotionnel et j'avoue que c'est beaucoup moins sympa que ce que j'ai pu admirer ce matin même.

J'aimerais tant quitter la ville et retourner à Dormición. Lorsque Teo se dirige vers la voiture, je me sens déjà un peu soulagée.

De retour à la *casa*, le fils de l'*uwishin* me questionne sur mon expérience de la veille. Je lui parle sans complexe de mes ressentis, de mes émotions et de mes visions. Il me demande de lui parler de ce que j'ai vu et je lui relate tout, dans les moindres détails. Il m'écoute attentivement sans m'interrompre et sans réagir à quoi que ce soit. Puis il me demande si j'ai eu peur lorsque les visions sont arrivées. Spontanément, je lui réponds que non, que j'ai toujours eu des visions, naturellement, sans avoir besoin de prendre du tabac ou de l'ayahusca ou une quelconque autre substance. Je n'aborde pas mon interprétation très personnelle des symboles que m'inspirent mes visions. Teo et moi n'avons pas la même culture et je ne maîtrise pas suffisamment l'anglais – et lui non plus – pour nous perdre dans les méandres du symbolisme. Je lui parle aussi de l'aura bleue que j'ai vue autour de tous les objets animés et inanimés et qui s'estompe de plus en plus. Je lui parle de ma colère au restaurant et de ma difficulté à supporter les bruits générés par l'activité humaine.

– Il y a aussi beaucoup de bruits en forêt, as-tu remarqué ? me demande-t-il.

– Bien sûr que j'ai remarqué, mais ce sont des bruits naturels.

– Les bruits que font les humains sont eux aussi naturels, poursuit-il.

— Quand les humains parlent, c'est naturel et cela ne me gène pas trop. Mais quand c'est la musique ou la télé si fort, là c'est insupportable.

— C'est quand c'est trop fort pour toi que tu n'aimes pas, c'est ça ?

— Oui c'est ça, lui dis-je en omettant de lui révéler que parfois même de simples murmures peuvent me mettre hors de moi. Tout dépend de mon seuil de tolérance, lui-même déterminé par mon état de fatigue ou de stress.

Je sens bien que Teo m'observe. A-t-il pour mission de faire un constat de mon état avant de poursuivre mon initiation à la médecine shuar ? Après l'appréciation psychologique vient l'appréciation physique. Il y a un imposant tas de bûches derrière la *casa* qui ont été jetées çà et là. Teo m'explique que je vais lui passer les bûches une à une, qu'il va les fendre et qu'ensuite je vais les ranger. Nous nous mettons au travail, le soleil brille, je transpire, mais j'aime aussi me dépenser physiquement et nous travaillons tout l'après-midi, en silence. Lorsque la pénombre s'installe, tout le bois est fendu et rangé. Teo m'envoie me changer et nous retournons ensemble à Guarida, chez son père.

La lune brille fortement et éclaire notre trajet tandis que nous roulons sur la piste. Teo me dit que la lune est belle. Je ne comprends pas ce qu'il veut dire et il traduit ses paroles puis il me fait répéter les mots en espagnol. Amusée d'apprendre quelque chose, je répète docilement. Teo me sourit et rajoute alors :

— La luna es guapa y tu tambien. Eres guapa.

Si je comprends bien, Teo me dit que moi aussi je suis belle ? Comme la lune ? Il se passe quoi là ? Il me drague ou il est juste poli ?

Lorsque nous arrivons chez Ramon, son fils me fait signe de le suivre vers l'arrière de la maison. Je n'étais entrée qu'au salon et je découvre aujourd'hui un grand patio abritant au moins une vingtaine de personnes. Plusieurs de ces personnes sont assises sur des chaises en plastique, d'autres sont assises par terre, d'autres encore sont debout, adossées aux murs. Tous ces gens présents sont Shuars et il s'agit en grande majorité de femmes et de jeunes filles. J'ignore pourquoi je me sens un peu désorientée et je suis sortie de ma rêverie par une voix qui me parle. Ramon est sur ma droite et il tire légèrement sur la manche longue de mon t-shirt pour attirer mon attention. Il me sourit et m'annonce qu'il veut me présenter quelqu'un. Sorti de nulle part, un couple d'Occidentaux se tient en face de moi alors que la seconde d'avant j'avais une vue dégagée sur le patio bondé. L'homme et la femme se présentent, me saluent, me serrent la main et m'annoncent qu'ils ne vont pas rester. Aussitôt dit, ils s'éclipsent. Je n'ai prononcé aucune parole, je ne me souviens même pas de leurs noms. Ramon me demande si je vais bien et sans attendre ma réponse, il m'annonce que je ne prendrai pas de médecine aujourd'hui. Mon état dans l'instant l'inquiéterait-il ? Il poursuit son monologue en m'invitant à assister à ses côtés aux soins qu'il va donner ce soir.

– Toutes les personnes que tu vois ici sont mes patients, me dit-il.

Abasourdie, je me dis qu'au vu du nombre de personnes, l'*uwishin* va en avoir pour une bonne partie de la nuit et je lui fais part de ma réflexion.

– Oui oui, répond-il, et il en viendra d'autres encore. C'est la vie, dit-il en haussant les épaules, son sourire toujours aussi rayonnant. Viens avec moi, poursuit-il, tu vas visiter ma maison.

Le patio est ouvert sur une cour intérieure. Lorsque nous sommes dos à celui-ci et à la maison, nous avons face à nous, au fond du jardin, une petite *casa* traditionnelle circulaire, murs en bois et toit en feuilles de palmier. Sur la gauche, une sorte de grand poulailler avec quelques poulets et sur la droite, un logement sommaire abrite trois personnes âgées et leurs petits chiens. Il y a deux femmes et un homme. Ramon fait les présentations et je crois comprendre qu'une des deux femmes est sa mère tandis que l'homme est Abelardo, un autre *uwishin*, ami de Ramon. Dans deux minuscules pièces, ces personnes vivent dans un confort très relatif qui comprend leurs paillasses pour dormir et un petit réchaud pour cuisiner. Leurs vêtements sont entassés pêle-mêle, un chiot est attaché court et un petit perroquet tout vert me regarde du haut de son perchoir. Les trois résidents m'accueillent avec de chaleureux sourires et me souhaitent la bienvenue. Je les salue à mon tour et les remercie de m'accueillir dans leur demeure.

Ramon m'entraîne rapidement à sa suite dans la *casa* où se tiendront les consultations. Il y fait sombre. Le seul éclairage vient d'une ampoule qui se trouve à l'extérieur et dont la faible lueur pénètre à peine par l'entrée dépourvue de porte. Je devine quelques chaises en plastique blanc disséminées à droite de l'ouverture et au fond de la pièce. De l'autre côté, à gauche de l'entrée, je vois une sorte de table de massage et une autre chaise blanche. Ramon la déplace pour la mettre juste à côté de la porte, à peine à un mètre de la table et m'invite à m'y asseoir. Je me sens privilégiée de pouvoir assister aux consultations qu'il va donner ce soir alors même que nous nous sommes à peine rencontrés. Je ne me doute absolument pas à ce moment que cette soirée sera totalement surréaliste pour l'Occidentale que je suis.

Les consultations s'enchaînent sans aucune pose pour le chamane. Un minuscule feu a été allumé au centre de la salle, mais pourquoi donc ? Pour éloigner les moustiques, donner un peu de lumière, tenter de réchauffer la pièce dont la température chute au fur et à mesure de l'avancée de la nuit ? Ramon est habillé à l'occidentale et il est assisté par un enfant d'environ neuf ou dix ans qui se prénomme Paulino. Ce jeune garçon est beau, son regard est franc et doux, il est à la fois discret et efficace, indispensable. Il semble traverser la vie avec une réelle sagesse, devançant les demandes de l'*uwishin*, au service sans rechigner à la tâche. Avant la première consultation, le chamane s'était préparé en prenant du jus de tabac et de l'ayahuasca. Régulièrement, au cours des soins, il allume une cigarette, inspire la fumée et la souffle ensuite à plusieurs endroits sur le corps du patient présent. Pour chaque nouvelle personne, le jeune Paulino apporte un œuf cru que Ramon casse dans un verre. Il observe l'œuf et pratique ensuite le soin. Je ne reçois aucune indication, aucune explication et je ne pose aucune question. Je me contente d'être là et de m'imprégner de tout ce qui m'entoure. Et il s'en passe des choses ! Tandis que Ramon œuvre, impassible à tout ce qu'il se passe, les téléphones portables sonnent, les chiens aboient, les enfants jouent et crient, quelques adultes se querellent et d'autres discutent de tout et de rien, à voix haute, comme ils le feraient dans la salle d'attente d'un médecin, si ce n'est que la salle d'attente est tout autant sous le patio que dans la *casa*. Pendant que Ramon soigne une personne, une autre boit une grande quantité de liquide apportée par Mariela et vomit ensuite ce liquide au pied de l'arbre, juste à côté de l'entrée. Chaque œuf cassé suit le même trajet, au pied de l'arbre. Je me dis que c'est tout de même sympa que la nuit soit si noire.

D'autres patients se sont rajoutés à ceux qui étaient sous le patio à mon arrivée et la nuit avance sans que le chamane ne manifeste la moindre fatigue. Régulièrement, il reprend un peu d'ayahuasca et poursuit inlassablement son activité. Un Européen semble vivre un délire psychotique tandis qu'une femme shuar amène sa belle-fille en consultation parce que, dit la femme, «ma belle-fille a mauvais caractère et à cause de cela, elle ne me donne pas de petits-enfants». L'*uwishin* pratique un soin sur la jeune femme hébétée et annonce à la belle-mère qu'elle devra revenir vendredi prochain avec un poulet noir pour faire un sacrifice. Je me souhaite silencieusement de ne pas être présente pour ce rituel.

Le dernier patient vient enfin de partir. Ramon me dit de le suivre et il m'entraîne dans une chambre de la maison. Il me dit que je vais dormir là cette nuit et que je retournerai à Dormición demain matin. La chambre qui m'est dévolue est celle de Teo. Je souris en voyant les posters d'actrices et de chanteuses américaines accrochés au mur. Je me couche, mais ne ressens aucune fatigue, des questions plein la tête. Je vais veiller encore de longues heures tandis que Ramon, après tous les soins déjà effectués, va maintenant traiter les membres de sa famille. Mais quelle heure est-il donc ?

Nous voyons ce que nous croyons

La nuit a été courte et je me lève en même temps que le soleil et le coq qui chante juste sous ma fenêtre sans vitre. Pierre-Marie, mon contact en France m'avait dit qu'il serait impossible de dormir chez Ramon et sa famille et pourtant, voilà qui est fait. Je suis seule sous le patio à attendre que les autres se lèvent. Comme d'habitude, je n'ai aucune notion de l'heure qu'il est. Les chiens de la maison viennent me renifler et je tends la main vers eux. Ils semblent surpris et leur première réaction est un mouvement de recul. Je les laisse venir à leur rythme et une fois le premier contact établi, la première caresse sur le poil sec et terne, les chiens ne me quittent plus. Viennent-ils de découvrir la première marque d'affection d'un humain, le premier intérêt que l'on puisse leur porter ? Ils sont avides de cet amour que je leur offre, des sons doux que je prononce, des regards tendres que je pose sur eux et du contact de mes mains. Naturellement, le petit chien qui boite place sa hanche douloureuse sous mes doigts et laisse l'énergie agir à travers lui. La grande chienne fine pose ses pattes avant sur mes genoux, tête baissée comme pour s'excuser de me demander encore un peu d'attention. Je me sens bien avec les animaux, ils sont depuis toujours ma famille. Avec eux, je peux être moi, ils m'accueillent telle que je suis, quelles que soient les émotions que je puisse exprimer, quelles que soient mes qualités et mes défauts. Ils ont la capacité innée d'aimer sans juger. Je me sens si à l'aise avec eux.

Depuis mon arrivée, j'avais remarqué la présence de nombreux chiens aussi bien en ville que dans la forêt. Ils sont partout, ils font partie du décor. On dirait que les humains ne savent pas se passer de leur présence sans pour autant leur prêter la moindre attention ou marque d'affection. Tous les chiens que j'ai vus étaient libres, sans collier, sans laisse, sans maître qui leur enseigne les règles du savoir-vivre au sein de la société humaine. Personne ne les aime, personne ne les nourrit, personne ne les maltraite tant qu'ils restent à leur place. Certains sont affreusement maigres et d'autres, sans doute plus débrouillards, arrivent à se remplir la panse par leurs propres moyens. Il y a plusieurs chiens chez Ramon et j'imagine qu'ils reçoivent quelques restes à manger. Les humains ignorent leur présence et les chiens veillent à ne pas se mettre dans leurs pieds sous peine de prendre un coup. C'est ce qui est arrivé au petit chien boiteux. Il devait être dans les pieds de l'humaine qui lui asséné un vigoureux coup de bâton sur le bas du dos. Il a hurlé. Le geste m'a choquée, mais je n'ai rien dit, je suis ici pour apprendre d'eux, de tous.

Les animaux ne se trompent pas et les chiens se regroupent autour de moi qui n'ai rien d'autre à leur proposer que mon amour. J'en déduis que l'énergie d'amour est bien là, tout le temps, et que lorsqu'elle n'est pas développée, manifestée, il faut bien peu de choses pour la réactiver. De l'amour, j'en ai à revendre alors eux et moi, nous nous régalons de ces moments précieux passés ensemble, sans humains.

La maison commence à s'animer peu à peu. Je sens les chiens, redevenus craintifs, se serrer contre moi. Plusieurs personnes quittent leurs chambres et passent par le patio pour rejoindre ce qui semble être la cuisine. En me voyant, ils me saluent et vaquent ensuite à leurs occupations. Trois enfants, dont le jeune Paulino, s'arrêtent et observent ma relation avec les chiens. Il y a tant de monde maintenant que j'ai l'impression d'être dans une ruche. J'ignore tout de ces personnes et des liens qui les unissent. Je continue à caresser les chiens jusqu'à ce que Teo vienne s'asseoir en face de moi. Je me permets alors de le questionner à propos de tout ce monde. Qui est qui ?

Teo m'explique alors que Ramon et Mariela ont cinq enfants. Lui, Teo, est l'aîné et il aura trente-deux ans cette année puis vient une fille qui vit maintenant en Europe. Ensuite, un deuxième garçon qui se prénomme Pepe et deux autres filles : Mayra et Laurita. Il y a également les jeunes enfants : Alejo, le fils de Teo et Dalma. Je n'ai pas bien compris si Dalma était la fille de Pepe ou celle de Mayra.

– Et Paulino ? m'entends-je demander à Teo.
– Paulino est un neveu de mon père. On le surnomme Cuci et ses parents l'ont confié à mon père, car ils n'avaient pas assez d'argent pour l'élever. Mes parents le logent et le nourrissent, mais il ne va pas à l'école

comme Alejo et Dalma parce que l'école coûte cher. On lui donne les vêtements qu'on ne porte plus et il rend service à toute la famille. On l'envoie faire des courses, il met de l'ordre dans la maison, il assiste mon père pour les consultations et plein d'autres choses.

Alors qu'Alejo et Dalma sont bien vêtus pour aller à l'école, j'observe le petit Paulino qui lave son linge dans une bassine. Il semble satisfait de son sort. Je demande alors à Teo :

– Puisque Paulino assiste ton père pour les consultations, j'imagine qu'il apprend plein de choses et que plus tard, il deviendra chamane lui aussi.

– Ah non, pas du tout, me répond le jeune *uwishin*. Paulino ne peut pas devenir chamane parce que son père n'est pas chamane. Moi je suis chamane parce que mon père est chamane et son père l'était avant lui et mon fils, Alejo, deviendra chamane parce que je suis chamane et que son grand-père est chamane. Sa formation commencera quand il aura onze ans.

– Et quel âge a-t-il aujourd'hui ?

– Il a sept ans.

– Et Paulino, quel âge a-t-il ?

– Je crois qu'il a huit ans, me répond Teo.

Nous continuons à échanger sur la culture shuar et Teo me déclare fièrement que les Shuars sont des êtres libres. Je me sens frustrée de ne pas parler suffisamment bien l'espagnol pour que nous puissions mieux nous comprendre. J'aurais tant de questions à lui poser et à poser à son père. J'entends et je crois que je comprends ce qu'il veut dire lorsqu'il mentionne que son peuple est un peuple libre, mais je suis aussi un peu déroutée. Qu'est-ce que la liberté pour eux, pour lui ? Est-on libre lorsqu'une tradition décrète qu'un homme sera chamane parce qu'il est issu d'une lignée de chamanes alors qu'un autre qui semble avoir le potentiel inné pour le devenir ne le peut pas à cause de ses origines ? En observant les comportements des enfants, je me rends compte de la différence flagrante entre Alejo et Paulino alors qu'ils n'ont qu'un an d'écart. Alejo est scolarisé et sans doute parce qu'il est le fils aîné du fils aîné de la famille, il est littéralement adoré. Il semble capricieux et presque omnipotent dans ses rapports avec sa cousine Dalma et il est aussi très autoritaire vis-à-vis de Paulino. Ce dernier ne reçoit aucune marque d'affection visible et je le trouve doux, patient et paisible avec ses petits-cousins. Seul ou en leur compagnie, le jeune garçon reste fidèle à lui-même.

Tandis que nous poursuivons notre conversation, Mariela a lavé ses longs cheveux, a fait déjeuner les enfants, a lavé du linge aussi et l'a mis à sécher sur le fil dans la cour avant de se rendre à son travail à l'hôpital. Quelle énergie et quel dynamisme et tout cela avec le sourire. Pendant que Ramon emmène les enfants à l'école, les autres jeunes adultes errent dans la maison entre leurs chambres et le salon où la télé fonctionne déjà avec le son, bien évidemment, suffisamment fort pour être entendu où que l'on soit.

L'*uwishin* père une fois de retour, nous allons tous les trois – Teo, Ramon et moi – nous asseoir dans le salon, télé éteinte, pour faire le point après ma première prise d'ayahusca dont le nom shuar est *natem*. Les deux hommes se parlent en espagnol et je comprends vaguement que Teo a déjà fait un compte-rendu de notre journée d'hier. J'imagine qu'il a parlé à son père de mes visions, de l'aura bleue que je voyais, de ma colère aussi au restaurant et de ma santé physique lorsque nous avons travaillé au fendage et au rangement du bois.

Ramon me regarde :

– Je te présente mes excuses, me dit-il humblement.

Étonnée par ce que je pense avoir compris, je me tourne vers Teo pour qu'il traduise.

– Mon père te présente ses excuses, répète-t-il.

J'avais donc bien compris, mais pourquoi le chamane me présente-t-il des excuses ?

– Je me suis trompé à ton sujet, continue Ramon.

Teo traduit en instantané.

– Quand nous nous sommes vus la première fois, je t'ai dit que ta problématique se situait au niveau mental. J'ai dit ça parce que tu es Occidentale et que tous les Occidentaux que j'ai rencontrés ont une problématique au niveau mental. Mais toi, de ce côté-là, tu vas bien.

L'*uwishin* me sourit, mais son sourire est plus triste que d'habitude. Je suis très étonnée de ce que j'entends et je lui demande alors :

– Quand nous nous sommes rencontrés la première fois, tu m'as dit que la problématique pouvait s'exprimer dans la dimension spirituelle, dans la dimension mentale et dans la dimension physique. Dans quelle dimension se trouvent les émotions selon la tradition et la sagesse shuar ?

– Les émotions sont avec le mental. Pour nous, c'est la même chose.

– Et tu dis que je n'ai pas de problème dans la dimension mentale/émotionnelle ?

– Oui c'est ça, je dis que tu n'as pas de problème dans la dimension mentale/émotionnelle. On dirait que ça t'étonne ? me demande le chamane.

– Un peu que ça m'étonne ! Depuis que je suis enfant, tout le monde me dit que j'ai un très gros souci avec mes émotions, que j'en ai trop, que je les exprime trop, que je n'arrive pas à les contrôler et que, par conséquent, je ne suis pas normale.

Le sourire de Ramon s'éclaire à nouveau alors qu'il me répond :

– C'est quoi être normale ? C'est être comme tout le monde ?

– Ben... j'imagine que oui.

Il rit alors :

– Alors c'est vrai, tu n'es pas normale parce que tu n'es pas comme les autres Occidentaux. Mais pour nous, Shuars, tu es tout à fait normale et ce sont les autres qui ne le sont pas.

Alors ça, c'est la meilleure ! Me voici donc considérée comme une personne normale. Je me détends encore plus intérieurement en me disant que j'ai bien fait de venir.

Je me serais au moins entendu dire une fois dans ma vie que j'étais normale. Mais pourquoi est-ce donc à ce point si important pour moi de me sentir normale ?

Le chamane continue :

– Je t'observe, tu sais, même quand tu ne t'en rends pas compte. Tu es capable de contenir tes émotions et c'est vrai que tu en as beaucoup, mais tu sais les diriger aussi. Toutefois, je te mets en garde, ne les contiens pas trop pour plaire à ton entourage, car si tu les contiens trop, elles s'accumulent en toi et là, soit elles se transforment en maladie, soit elles vont déborder de toi et c'est alors que tu explodes. C'est bien que tu explodes, cela évite que tu sois malade. C'est libérateur pour toi, mais c'est effrayant pour ton entourage, car tu as beaucoup de puissance et c'est cela qui nuit à tes relations. Ta puissance fait peur aux autres. Apprends à exprimer tes émotions lorsqu'elles sont là, ne cherche plus à les retenir et tu verras qu'elles vont s'équilibrer d'elles-mêmes. Sois patiente.

– Certaines personnes de mon entourage proche n'accepteront pas que je fasse ce que tu me dis.

– C'est vrai, poursuit-il. En agissant ainsi, tu vas déplaire à certains, mais s'ils ne peuvent pas t'accepter telle que tu es, cela veut dire qu'ils ne t'aiment pas. Pourquoi donc veux-tu rester en relation avec des personnes qui ne t'aiment pas comme tu es et qui veulent te changer ?

Comment en si peu de mots Ramon est-il capable de me dire ce que j'ai besoin d'entendre ? Tout est si simple et si évident. Alors que je me demande pourquoi mes contemporains occidentaux se forcent à maintenir des relations qui ne leur conviennent pas, voilà que moi je fais la même chose qu'eux en espérant naïvement qu'ils m'accepteront comme étant des leurs.

Le visage de l'*uwishin* est à nouveau triste. Mon estomac se noue. Que va-t-il m'annoncer ?

– Tu as une maladie physique. C'est sérieux et il faut la traiter en priorité.

Je me mets à tousser, Ramon me dit :

– On va s'occuper de ta toux aussi, car elle te fatigue beaucoup, mais la toux, ce n'est pas grave.

Il attend que je reprenne mon souffle.

– Tu savais que tu étais malade.

– Oui.

Ma réponse est franche, car oui, je le savais même si je refusais de l'admettre.

– Ça fait combien de temps ?

– Douze ans.

– Pourquoi n'es-tu pas venue plus tôt ? me demande-t-il alors.

– Parce que je n'étais pas prête.

Ma réponse est évidente comme le sont les réponses de Ramon. Le chamane hoche la tête, le visage grave.

– Tout à l'heure, tu vas retourner en forêt. Là-bas, tu es mieux. Ma femme va venir te trouver ce soir et elle va te préparer *piripri*, la plante qui fait vomir. Tu feras ce qu'elle te dit.

– OK, lui dis-je.

Puis je rajoute :

— Je peux te poser une question ?

— Bien sûr. Que veux-tu savoir ?

— Ma maladie... C'est grave ?

Le petit chamane baisse légèrement la tête et son sourire a totalement disparu lorsqu'il me répond, presque à voix basse :

— Ça me préoccupe.

Un frisson glacé parcourt mon échine. Je me tais.

De toutes les plantes qu'il est prévu que j'expérimente, je crois que *piripri* est celle que je redoute le plus. Cette plante n'est que vomitive et absolument pas psychotrope. Son unique rôle est de nettoyer profondément l'estomac. Je ne sais pas pour vous, mais pour moi, vomir ne fait pas partie de mes activités favorites. Cela fait mal et ça pue, mais voilà, je suis ici pour mourir et renaître, pour guérir peut-être et donc, je suis prête à tout. Je choisis déjà de manger peu aujourd'hui au vu de la pratique à venir.

Tandis que Teo se lève pour aller je ne sais où, Ramon et moi retournons nous asseoir sous le patio et il me parle de la vision qu'il a de sa pratique d'*uwishin*. Je me laisse transporter par ses paroles, j'accueille sereinement ce qu'il me dévoile de lui. Les chiens se sont rapprochés et couchés autour de ma chaise. Leur présence contribue à m'apaiser.

Fin de journée

Un taxi m'a ramenée à Dormición en fin de matinée et j'ai passé ma journée à errer vaguement sur le terrain allant du Rio à l'abri, de l'abri à la *casa* puis retour au Rio. Mariela vient d'arriver et le soleil commence à décliner. Je ne vois aucune médecine avec elle, elle n'a apporté que deux grands récipients en plastique transparent dont l'un est gradué. Elle me salue brièvement et entre dans la *casa* pour en ressortir aussitôt avec un couteau. Elle se dirige vers un arbuste duquel elle prélève plusieurs feuilles longues et fines d'un vert plutôt terne, les jette dans un récipient puis remplit ce dernier d'eau. Elle mélange, laisse macérer et finalement, elle filtre l'eau. Elle vient alors vers moi et me prend par le coude pour m'amener au pied d'un arbre, face au Rio. Elle me tend le récipient et me fait comprendre que je dois en boire tout le contenu, cinq litres, rien de moins. Au vu de la quantité, je me dis que mon estomac sera bien incapable de tout ingurgiter et que cela va me faire vomir. Idiote que je suis ! Vomir, c'est bien le but de la manœuvre. J'hésite, mais Mariela ne me lâche pas, bien au contraire. Elle insiste et l'énergie qu'elle émane ne me donne pas envie de discuter ses ordres. Je commence à boire et la femme, satisfaite, lâche mon coude et s'éloigne. L'eau n'a pas de goût particulier, mais au fur et à mesure qu'elle s'écoule en moi, je sens et je vois mon estomac qui gonfle rapidement. Cela m'amuse et me fascine une fraction de seconde, mais je me sens tout à coup pleine, je ne peux plus rien avaler. Je me tourne vers Mariela, mon regard l'implorant de cesser ce supplice. Imperturbable, elle me répète :

— *Todo*, tu bois tout.

Une nouvelle gorgée et me voilà prise de spasmes à la fois violents et doux comme le seraient des vagues. Je me mets alors à vomir par jets puissants et totalement incontrôlables. Beaucoup d'eau, peu de résidus d'aliments et ô surprise, aucune douleur dans la gorge, l'eau coule toute seule. Mon ventre dégonfle, les contractions diminuent. Mariela s'approche alors de moi :

– *Bueno. Todo. Todo*, tu bois tout, insiste-t-elle en poussant à nouveau le récipient vers mon visage.

Je dois boire encore, je dois vider le grand bol en plastique, je dois vomir à nouveau. Avec plus de courage que précédemment, je termine l'exercice sans ressentir trop de nausées. C'est seulement lorsque j'ai tout bu que mon estomac se vide encore. Il n'y a plus de résidus d'aliments, l'eau que je rejette est parfaitement claire et limpide, pas de goût désagréable dans la bouche, pas douleur, mais plutôt un immense soulagement. Je sens des larmes monter dans mes yeux et perler au bord de mes paupières, je les laisse couler, je commence à sourire. J'ignore quel est l'effet exact de la plante vomitive et j'ai l'impression que c'est plutôt la quantité d'eau qui m'a fait vomir. La plante atténue-t-elle les douleurs ? Quoi qu'il en soit, je ne cherche pas à comprendre ou à expliquer quoi que ce soit, le chamane sait ce qu'il fait, j'ai confiance en lui.

Mariela me dit que demain, un taxi viendra me chercher, que j'irai à la cascade et que je prendrai une autre médecine puis elle s'en va. Le soleil est couché, je passerai ma deuxième nuit à Dormición, seule.

La soirée

Quelle autre médecine vais-je prendre demain ? Cela se passera-t-il ici ou chez Ramon ? Lorsque j'avais reçu son e-mail en France, il avait mentionné une cascade et ne l'a plus du tout évoquée depuis que je suis arrivée. Mariela vient d'en parler. La cascade est-elle aussi une médecine ? Ces questions traversent mon esprit, mais sans s'y accrocher. Je me sens bien, détendue malgré ma toux sèche persistante. Qu'ai-je à dire et qui ne sort pas ?

Je me remémore alors un extrait de l'échange que j'ai eu avec le chamane ce matin sous le patio, à Guarida. Ramon m'avait expliqué son désaccord avec les pratiques chamaniques proposées aux touristes qui tentaient l'aventure au Pérou. Sans que je lui aie posé la moindre question, il m'avait parlé de Pierre-Marie avec qui j'avais été en contact. Ils se connaissent donc bien et même plutôt très bien puisque l'*uwishin* m'avait dit qu'ils avaient travaillé ensemble pendant plusieurs années. Il semblerait toutefois qu'aujourd'hui une certaine distance les éloigne l'un de l'autre, les méthodes du chamane ne correspondant plus aux attentes du Français. Ramon prône la douceur pour approcher et découvrir le chamanisme shuar. Il m'avait dit que selon lui, pour que la médecine soit réellement efficace, il est indispensable de respecter le rythme de chacun, sans violence, sans rien forcer. Il m'avait expliqué que si la médecine était trop puissante pour le patient celui-ci, plutôt que d'ouvrir sa conscience et de lâcher prise, réagirait instinctivement en cherchant à se protéger et à se défendre et pour se protéger et se défendre, il renforcerait – très inconsciemment – l'illusion créée par son mental. Le patient pensant s'ouvrir se retrouverait alors encore plus enfermé dans son système de croyances s'éloignant donc toujours plus de la réalité qu'il tente d'approcher. Les visions ne seront pas des visions, mais une visualisation inconsciente.

Je ressens un réel soulagement lorsque je comprends que Ramon partage ma perception et la compréhension que j'ai de cette perception : il est indispensable d'arriver à traverser nos émotions et de dépasser les limites de nos croyances mentales aussi profondément enfouies qu'elles soient. Mais combien d'entre nous y arrivent-ils ? Combien d'entre nous sont inconsciemment conscients que le mental se sent tout puissant et qu'il tente encore et toujours d'avoir le pouvoir pour contrôler la matière, pour la forcer et la soumettre ? Illusion encore et toujours.

Le mental conscient est le principe Masculin en nous tandis que le subconscient est le principe Féminin. Vous vous souvenez ? Le conscient est procréateur, il est l'idée et le subconscient est créateur, il matérialise l'idée. L'un ne va pas sans l'autre, ils sont complémentaires et le rôle du conscient est de protéger le subconscient. J'entends dans le discours occidental actuel qu'il est important que le Féminin soit à nouveau entendu et respecté, mais la plupart des pratiques proposées font encore la part belle au conscient, le laissant dans son rôle de dominant.

Combien de stages et d'ateliers de développement personnel, combien de coachings de vie, vous apprennent à conditionner votre mental conscient afin de dépasser vos capacités et les limites de votre corps sans l'écouter ? Combien de personnes participent à ces stages et à ces ateliers afin de s'approprier de nouvelles techniques, de nouveaux outils pour cumuler encore leurs avoirs alors qu'ils expriment le désir d'être ? Combien veulent devenir chamanes plutôt que de devenir eux-mêmes ? Tandis que je souhaite entrer dans leur norme, ils essayent d'en sortir. Combien d'entre eux savent qu'un chamane a un système nerveux fragile et que la science le considère comme un malade mental dangereux parce qu'il remet sans cesse en question les fondements mêmes sur lesquels l'humanité s'est construite ?

En bonne éponge que je suis, j'ai adopté pendant des années les comportements et les croyances inconscientes des personnes qui m'entouraient. Quel meilleur moyen pour comprendre et expérimenter leur mode de fonctionnement ? Mais en allant contre ma nature, je me suis fait mal, je me suis forcée à être différente de ce que je suis. Résultat ? Je suis en piteux état et voilà pourquoi je suis ici, aujourd'hui, en Équateur. Par son discours et l'énergie qui émane de lui, Ramon me propose une douceur que j'avais presque oubliée, mais qui est toujours tapie au fond de moi. S'ouvrir, écouter et entendre ce qu'il se passe en nous, au plus profond de notre corps. Laisser les douleurs et les souffrances s'exprimer, les laisser se transformer, se transmuter. Je suis bien tentée d'essayer.

Lorsque le chamane a clairement exprimé que j'étais malade, j'ai ressenti un choc. Les mots qu'il prononçait donnaient à la maladie enfin toute sa place. Je savais son existence, je sentais sa présence, mais je me disais sans doute qu'en n'y prêtant pas attention, elle allait s'évanouir d'elle-même. Comme c'est intéressant de constater que c'est ce que l'on continue de nous enseigner dans nos sociétés occidentales : pensez positif, conditionnez votre mental conscient, on en revient là. Comme nous nourrissons ce sur quoi nous portons notre attention, il nous est proposé de nous concentrer uniquement sur ce que nous aimons, sur le bon côté des choses, sur ce qui nous est agréable. Mais combien d'entre nous sont désemparés lorsqu'ils découvrent, au-delà de tout ce qu'ils ont imaginé et nourri, que la maladie s'est bien installée, qu'un cancer ou autre a établi son domicile dans leur corps pendant qu'ils tentaient de se convaincre que tout allait bien parce qu'ils méditaient au moins une heure par jour et qu'ils étaient dans l'illusion d'une ouverture de Cœur ? Je ne me suis jamais menti sur mon état, j'avais juste choisi de ne pas en tenir compte, de ne pas m'écouter et de continuer à me battre encore et encore, quitte à en crever. Orgueilleuse et obstinée, moi aussi, je me rebellais face au message que la maladie m'envoyait et pourtant, depuis douze ans maintenant, les symptômes ne cessaient de se multiplier par des manifestations plus ou moins importantes en relation directe avec mes états de stress. Peu de stress, peu de douleurs et de blocages.

Beaucoup de stress, beaucoup de douleurs et de blocages. Logique.

Je me laisse maintenant, en conscience, embarquer par l'énergie sombre du désespoir et pour être certaine de bien m'y noyer, je produis des pensées qui vont accélérer le processus. Je pense à Ludovic, mon compagnon resté en France et j'imagine notre séparation future. Je respecte pleinement mon mode de fonctionnement qui est de me noyer moi-même, de m'entraîner vers le fond pour trouver ensuite, instinctivement, la force qui me fera remonter à la surface.

J'ai choisi mentalement d'être heureuse, mais quand est-ce que je m'autoriserai vraiment à l'être ? Être heureuse, pour moi, qu'est-ce que cela veut dire ? Ma relation avec Ludovic n'a aucune importance, c'est bel et bien moi qui suis responsable de mon propre bonheur. Ni lui ni personne d'autre n'est capable de porter la lourde charge de faire mon bonheur ou mon malheur à ma place. Tant que nous attendons que quelqu'un d'extérieur fasse notre bonheur, nous ne changeons pas intérieurement et nous répétons inlassablement les mêmes schémas. Comment donc évoluer ? Cela est-il possible, réellement ? Devenir soi, pleinement soi, est-il suffisant ? Est-il humainement possible de se défaire de nos anciennes mémoires mentales/émotionnelles au quotidien ? Je me reconnais cette capacité à le faire, mais je reconnais aussi ne pas le faire tout le temps, à chaque seconde. Vivre en état de transe permanent, éternel. Je sais le faire lorsque je reçois des personnes en consultation, lorsque je conduis des transes, des cérémonies ou des rituels. Pourquoi donc ai-je un comportement différent lorsque je vis mon quotidien ? Pourquoi est-ce que je continue à me diviser ? Pour répondre à quelle loyauté, à quelle croyance ?

Je pense donc je m'occupe

J'ai super bien dormi, d'une traite de vingt heures à six heures. Les bruits de la forêt ne se sont absolument pas calmés, bien au contraire. Le Rio n'a pas mis son débit en sourdine, les grenouilles ont joyeusement festoyé, les singes ont hurlé au loin et tous ces sons m'ont bercée pour rapidement me faire sombrer dans un sommeil avec des rêves. Un rêve en particulier a retenu mon attention et j'en prends bonne note. Expression directe de notre subconscient, nos rêves nous indiquent où nous en sommes, ce qui est réglé et ce qui est encore à travailler.

Dans la première partie du rêve, je vois Ludovic en compagnie d'une femme, sa maîtresse. Mon compagnon, profitant de mon absence, s'affiche avec elle ouvertement dans les rues de la ville, ils se promènent main dans la main. Je les vois comme si j'étais physiquement auprès d'eux. Puis dans la seconde partie du rêve, je me vois sonner à la porte de l'appartement de Ludovic. Il est présent à l'intérieur, mais choisit de ne pas répondre, de ne pas ouvrir. Sa maîtresse est déjà installée avec lui, elle a pris ma place. Je pleure devant la porte fermée.

Ce rêve est un mélange subtil entre deux situations que j'ai vécues précédemment. Trois ans auparavant, profitant de mon absence d'une semaine, Ludovic en avait profité pour s'afficher avec une autre femme et il y a plus de vingt ans, un autre compagnon avait installé dans son appartement sa nouvelle compagne alors que la veille encore j'y étais moi-même et que nous y avions fait l'amour. Nous répétons encore et encore les mêmes schémas, les mêmes comportements jusqu'à ce que nous comprenions la leçon à en tirer. Je choisis donc maintenant d'être pleinement actrice de ma vie plutôt que de la subir continuellement. J'ignore encore quelle forme cela prendra, mais je sais que j'accompagnerai le changement en toute conscience, quel qu'il soit.

Lorsque Teo avait passé la journée avec moi mardi, il m'avait invitée à jeter tous les événements de mon passé dans le Rio au fur et à mesure qu'ils se présenteraient à moi, au fur et à mesure qu'ils reviendraient à ma conscience. Il m'avait dit que les eaux tumultueuses allaient purifier et emmener loin de moi ce qui n'était plus d'actualité et appartenait déjà à une autre vie. Je m'approche donc de la rive et m'accroupis au bord de l'eau. Je prends le temps de rassembler les souvenirs de ces deux ruptures et j'y inclus toutes les autres. Je ramasse quelques feuilles tombées au sol ainsi que des petites branches, je les lie entre elles pour en faire une sorte de fagot qui ressemble à un petit personnage et je charge cet être de tous mes souvenirs, des émotions et des sentiments qui leur sont associés : abandon, rejet, manque, peur, culpabilité, etc. L'objet devient une entité. Je pleure abondamment, je vomis ces énergies qui bloquaient le mouvement de la vie en moi, je me libère, je m'allège de mon fardeau. Puis apaisée, avec toute mon Âme, mon Cœur et ma conscience, je jette le fagot dans le Rio. Le petit bonhomme reste un court moment au bord, comme s'il hésitait à s'éloigner et à suivre son propre chemin.

– Va, lui dis-je. J'ai compris le message, je n'ai plus besoin de me souvenir de ces expériences, je n'ai plus besoin d'en porter les blessures. Je me libère de mon passé et je te libère toi aussi, je vous libère tous, je nous libère tous.

Ces mots aussitôt prononcés et comme par magie, une grosse vague vient arracher à la rive le petit paquet de feuilles et de branches et l'emmène loin, très loin de moi. Je souris.

– Merci.

La gratitude est venue spontanément. Je me sens à la fois si légère et si pleine.

Nous appréhendons les événements qui se produisent dans nos vies par l'intermédiaire de nos cinq sens. Ceux-ci génèrent une réponse émotionnelle qui a été engrangée instinctivement depuis l'instant même de notre conception et jusqu'aux premières années de notre existence terrestre avant que nous n'ayons appris à utiliser notre raisonnement. Si nous n'acceptons pas l'événement pour ce qu'il est, c'est-à-dire une expérience utile à notre évolution, nous y répondons par une émotion qui est en lien avec une autre expérience précédemment vécue. L'émotion est normale et vivre sans émotion reviendrait à vivre en noir et blanc, en mode binaire, comme le ferait une machine.

Là où cela coince, c'est lorsque nous contenons l'émotion, lorsque nous refusons de la libérer parce que cela ne se fait pas, parce que quand on est adulte il n'est pas correct de se donner en spectacle sans passer pour un fou furieux ou une hystérique. L'émotion ainsi contenue, non reconnue, niée, va enfler et envahir nos pensées. Par tous les moyens, elle va tenter de nous stimuler à la libérer, à nous libérer d'elle. Si nous ne faisons toujours rien, les pensées vont devenir à leur tour de plus en plus abondantes et se transformer en rumination puis en obsession. Le mental deviendra alors hyperactif et toute tentative de libération par la concentration ou la méditation sera un véritable parcours du combattant voire une mission impossible. Alors, on tente de faire autre chose en détournant notre attention dans la pratique d'une autre activité et l'on peut, très facilement, sombrer dans des comportements qui deviendront habituels, mais extrêmes aussi et qui nous donneront l'illusion que tout va bien, que c'est oublié, que nous n'avons plus mal : s'oublier dans le sport, dans le shopping, dans la boisson, dans la drogue, dans les médicaments, dans la sexualité... Les émotions seront étouffées, les pensées seront étouffées et elles descendront lentement et insidieusement tous les niveaux du subconscient. Les énergies ayant l'indispensable nécessité de circuler librement, elles vont aller là où nous ne pourrons plus ignorer leur présence, elles iront se loger dans le corps, là où ça fera mal, là où nous serons bien obligés de nous arrêter et elles s'exprimeront sous forme de maladie. La maladie, le dernier moyen pour comprendre et guérir, s'il n'est pas déjà trop tard.

Être à l'écoute de notre subconscient, de cette expression du Féminin en nous, à travers nos rêves ou nos comportements automatiques répétitifs, reconnaître la puissance de nos émotions et les limites de notre mental conscient et mettre à profit toutes ces énergies pour marcher dans le sens de la vie plutôt que contre elle... Voilà donc ce que je suis venue retrouver ici, en Équateur.

Depuis l'enfance, le stress me ronge intérieurement comme le ferait de l'acide et puis il y a douze ans, une peur intense a été à l'origine du déclenchement de ma maladie. Cette peur était viscérale, inexplicable et inexprimable, c'était une réelle terreur pour moi : tomber enceinte, devenir mère. Alors que tant de femmes vivent cet événement comme un réel bonheur, moi j'ai eu peur et j'ai encore peur. Une peur panique qui me glace et me fige. Je suis toujours au bord du Rio et une lumière s'allume en moi, une prise de conscience, une compréhension : être enceinte... une enceinte... un mur, une fortification qui entoure un espace... une barrière... un enfermement, une contention, un manque de liberté, de mouvement... J'étouffe, je panique. Le mouvement c'est la vie. Je ne peux pas accepter d'être freinée, ralentie, pire même, stoppée dans mon élan. Pour moi, dans l'expérience que j'ai choisi de vivre en m'incarnant, avoir un enfant signifie être privée de ma liberté, être privée de mouvements. Comme si donner la vie me priverait de ma vie !

En même temps que la compréhension, une vision s'impose à mon esprit. Je vois une jeune femme enfermée, emmurée dans une tour. Je suis cette jeune femme. Je ressens le froid et l'humidité des pierres, l'air qui pénètre par une mince meurtrière, je vois la lourde porte en bois, seul accès à la petite pièce où je me trouve et je ressens aussi la terreur en moi, l'effroi. Je suis enfermée, prisonnière, à la merci de quelqu'un ou de quelque chose. Cette vision est une mémoire de ce que l'on appelle communément une vie antérieure et que je nomme pour ma part, une réalité parallèle. Un événement qui pèse et qui charge le karma. Si cet événement est amené en ce moment à ma conscience, c'est qu'une occasion m'est donnée de le transmuter afin de me libérer, de ne plus être emprisonnée par cette mémoire.

La peur et l'angoisse d'être enceinte, de me sentir enfermée dans le rôle d'une mère, de n'être réduite qu'à cela, ont déclenché chez moi la maladie de Crohn. Mon ex-mari voulait des enfants et sa famille nous mettait la pression. J'ignorais pourquoi je refusais farouchement d'accéder à leur demande et aujourd'hui, je comprends. Toutefois depuis cette époque, je me juge comme étant une femme insoumise et une mauvaise compagne en refusant de remplir le rôle que la société réserve immanquablement à la gent féminine. Combien de fois me suis-je entendu dire que je ne saurai jamais ce qu'est être une femme si je ne devenais pas mère ? Combien de personnes, femmes et hommes, ont la croyance que la créativité d'une femme doit inévitablement passer par l'enfantement ?

Alors même que la maladie de Crohn nécessite une alimentation saine et peu calorique, j'avais grossi de vingt kilos. Les médecins m'avaient interdit la prise de la pilule contraceptive et avaient également refusé la pose d'un stérilet. Mon mari quant à lui refusait de mettre un préservatif. Donc pour me protéger, pour me sentir moins désirable et pour minimiser les risques de tomber enceinte, je me suis enfermée dans ma propre tour, dans un corps qui devenait de plus en plus massif et dis-harmonieux. Cela a eu facilement l'effet escompté, mon mari étant déjà si peu porté sur la sexualité. Mais voilà, pour ne pas être enfermée dans un rôle de mère, voilà que je m'enfermais dans un rempart de graisse. Dans un cas comme dans l'autre, j'étais enfermée. Comment donc être libre, vraiment ?

Il semble que cette journée soit teintée de libérations émotionnelles. Je me promène dans l'enceinte de barbelés – tiens, encore une enceinte – et construis un nouveau petit fagot que je charge à nouveau de toutes les mémoires qui sont revenues à ma conscience. Plus d'hésitations, je laisse couler mes larmes aussi abondantes que les flots qui emmènent le tas de feuilles et de branchages, le tas de souvenirs mêlés d'émotions et de sentiments.

Puis je m'assieds sur le sol et adossée à un arbre, je m'apaise peu à peu. Tout s'éclaire à nouveau et je respire profondément l'air tiède et humide. Une quinte de toux gâche mon plaisir de l'instant et me rappelle que j'ai toujours quelque chose qui me reste en travers de la gorge. Je sens toutefois que cela commence à mûrir et que cette libération approche. J'ignore encore de quoi il s'agit, mais ma curiosité saura patienter et je sais déjà que j'accueillerai avec bonheur cette nouvelle surprise. Quelle paix et quel calme. Au fur et à mesure que les blocages se dénouent, je sens l'énergie de vie qui circule déjà un peu plus librement en moi. Mon esprit est serein, mes pensées rares et les signes que je ne voyais plus se révèlent à nouveau. Les signes sont là, toujours, mais comme nous arrivons à nous replier et à nous fermer, préoccupés par nos histoires personnelles et par nos fantômes, nous ne les voyons plus nous isolant dans nos cauchemars et répétant inlassablement que nous voulons nous réveiller.

Je me lève et je vais chercher mon journal de voyage. Je retourne m'asseoir face au Rio, un lieu où je me sens bien. En ouvrant le carnet, je retrouve des papiers sur lesquels j'avais commencé à noter quelques références de mon arbre généalogique. Mes ancêtres sont ici, avec moi, ils m'accompagnent et je prends physiquement conscience de leur présence. Sourire. On ne fait jamais rien uniquement pour soi. Tout ce sur quoi nous travaillons, tout ce que nous guérissons a un impact, des conséquences sur les autres. Effet papillon. Je relis mes notes, les noms de mes ancêtres, les dates de naissances, de mariages, les divorces, les maladies, les décès et leurs causes. Se guérir soi-même c'est guérir les mémoires passées et donner une chance aux générations futures de se construire sur des bases plus saines, peut-être. En écrivant toutes ces notes, c'est comme si j'avais redonné vie à tout ce passé, aux racines qui ont contribué à faire de moi qui je suis aujourd'hui. Et si plutôt que de me laisser uniquement façonnée par mon environnement, j'essayais de me centrer, de me reconnecter en conscience à ces racines, à ces origines qui me donneront la force de poursuivre ma route ? Écrire est pour moi si important. Écrire est une forme de libération émotionnelle, sortir de soi ce qui peut entraîner des blocages destructeurs de la vie en nous et faire d'eux des outils pour créer, construire et nourrir cette vie, pour lui permettre de s'épanouir. Écrire permet de voir avec un autre regard, sous un autre angle de vue. Écrire pour soi, non pour les autres, conscientiser le chemin parcouru, les actes accomplis et tout ce qu'il est encore possible de vivre, autrement, si nous en faisons le choix.

Je pense à nouveau à ce que Teo et son père m'ont déjà expliqué concernant les trois portes d'entrée par lesquelles nous percevons les événements. Le ventre, l'abdomen, qui correspond au centrage, est la dimension physique, le corps manifesté. Le cerveau correspond au mental, à la pensée consciente et inconsciente, il est la dimension psychique. Et pour finir, le cœur correspond à l'Âme, il est la dimension spirituelle de notre être. Selon une croyance collective occidentale et archaïque, nous considérons que le corps physique, que la matière, est à l'origine de tout et nous avons fait de ce corps, de cette matière, notre référence de base. Selon moi, c'est l'Âme qui nous anime et pour s'incarner, elle traverse d'abord différents corps tels que le corps mental et le corps émotionnel pour finir par prendre forme dans la matière. Notre corps physique est donc bien le résultat de ce que l'Âme a choisi d'expérimenter et ce corps répondra également au regard que nous portons sur nous et sur notre environnement ainsi qu'à notre façon de vivre à travers nos émotions. Il semble que ma vision et mon interprétation des phénomènes observés soient en accord avec la vision de la tradition shuar. Selon cette tradition, notre premier cerveau est bien notre cœur, celui par lequel nous sommes capables d'appréhender la réalité unique, celle qui est manifestée tout comme celle qui ne l'est pas, au-delà des émotions et des pensées conscientes et inconscientes. Il semble que les neurosciences commencent elles aussi à vérifier ce ressenti et cette croyance partagée par tous les chamanes. La tradition et la science se rejoignent pas à pas. L'humanité commencerait-elle à se retrouver après s'être si longuement déchirée ? Ludovic m'a tant de fois répété que je fonctionnais à l'envers de la majorité des gens. Je le corrigeais en lui disant que je fonctionnais dans l'autre sens, mais qui d'eux ou de moi est à l'envers ou à l'endroit ? Toujours une question de point de vue, n'est-ce pas ? Et si depuis toujours, je fonctionnais dans le sens de ce qui est ? Les gens se contentent de se fier aux apparences, à l'enveloppe et mon enveloppe leur envoie l'image d'une femme sûre d'elle, égoïste, décideuse et déterminée, mais combien d'entre eux voient qui je suis réellement, au plus profond de mon être ? Une femme pleine de doutes, manquant de confiance en sa perception de la réalité, celle-ci étant si différente de celle du plus grand nombre.

Quelle que soit la culture, tous les soins chamaniques ont pour base la purification et les soins de la tradition shuar n'échappent à cette règle. Quelle que soit la porte d'entrée – physique, mentale/émotionnelle ou spirituelle – Ramon va systématiquement purifier, c'est-à-dire retirer les énergies qui bloquent, les nœuds qui gênent voire empêchent complètement la libre circulation de l'énergie de vie. Car en chamanisme, nous savons que tout est énergie et que toute énergie a son existence propre, qu'elle est une entité à part entière. La maladie est une entité séparée de vous, vous n'êtes pas la maladie. Idem pour l'émotion, l'émotion est séparée de vous, vous n'êtes pas l'émotion. Une fois que le patient a été purifié et nettoyé, le chamane lui insuffle alors une autre énergie, l'énergie de vie.

Je fais de même lorsque j'accompagne les personnes qui viennent me voir en consultation en France. Tout commence par une purification et tout comme Ramon, j'avais déjà compris que la problématique principale des Occidentaux se situait dans la sphère mentale/émotionnelle. Qu'il s'agisse de consultations individuelles ou de transes collectives, je guide chaque participant à se libérer des fausses croyances et des émotions accumulées en lui.

Je me souviens en particulier de Robert, un Français d'une quarantaine d'années qui avait fait plusieurs heures de route pour me rencontrer. Robert vivait dans une grande ville et il exerçait la profession de gardien dans un musée d'œuvres d'art. Son loisir de prédilection était la peinture et depuis vingt ans, il suivait la voie du bouddhisme tibétain dans laquelle il avait «pris refuge». Robert me consultait, car depuis deux années, il m'avait dit qu'il n'était plus capable de peindre. Sa créativité connaissait un profond blocage et il n'avait plus produit la moindre œuvre depuis tout ce temps. Il m'avait décrit qu'il travaillait en intérieur, dans son atelier, et qu'aucune inspiration ne lui venait. Il m'avait également expliqué, sans que je lui ai encore posé la moindre question, qu'il avait tout essayé. Il s'était rendu en extérieur avec son matériel, il était resté des heures devant sa toile blanche et quand il se lançait dans quelque chose, quoi que ce soit, c'était comme si son bras se bloquait. Je lui avais fait remarquer que deux ans, c'était déjà un certain temps et je lui avais alors demandé comment il avait géré cette absence de créativité pendant cette période. Il m'avait répondu :

– J'ai médité encore plus qu'avant. Je me disais qu'en méditant, tout allait s'ouvrir et s'écouler librement à travers moi.

– Et ça a fonctionné ?

– Non, pas du tout, m'avait-il répondu. C'est pour ça que je suis là devant vous aujourd'hui.

Comme j'ai la capacité de voir l'invisible, j'avais noté que les sept chakras principaux de Robert – ceux dont on tient le plus souvent compte et qui sont situés dans l'espace du corps personnel – que ses chakras donc tournaient au ralenti et que leurs couleurs étaient ternes, presque éteintes. Au-delà de ses sept chakras, j'avais également observé qu'il était coupé des autres, les chakras transpersonnels. Aucun lien n'était visible entre la terre et lui ni entre le ciel et lui. Robert était dans les limbes, dans l'entre-deux monde, perdu, isolé, en train de se désincarner. Il était donc évident qu'il ne pouvait pas avoir accès à sa créativité.

De nombreuses personnes, thérapeutes et autres travaillent sur les chakras et connaissent assez bien les chakras situés dans l'espace du corps personnel. Mais quand est-il des autres ? La personne n'est pas une entité séparée et il est, selon moi, essentiel de tenir compte également des chakras transpersonnels. Et que dire des chakras spléniques ? Combien d'entre nous ont réellement conscience de leur existence et de leur rôle ? J'avais laissé aller mes tergiversations et je m'étais recentrée sur Robert et sur sa demande.

J'avais donc commencé à le questionner sur son quotidien. Était-il marié, avait-il des enfants, quelles étaient ses conditions de vie, depuis combien de temps exerçait-il son métier, celui-ci lui plaisait-il ? Robert me répondait en me donnant suffisamment de détails qui validaient mon ressenti premier quant à son état. Il m'avait donc annoncé qu'il était célibataire, sans enfants, et qu'il vivait depuis trois ans avec sa sœur, célibataire elle aussi et de quelques années son aînée, dans la maison familiale. Sa sœur avait vécu avec leurs parents âgés et suite au décès de ceux-ci, Robert avait laissé son appartement au centre-ville pour vivre avec elle qui se sentait très seule malgré tous les souvenirs qui chargeaient leur grande demeure. Pour qui a un minimum de bon sens, la compréhension de la problématique de Robert est limpide, n'est-ce pas ? J'avais continué à le questionner :

– Qu'avez-vous ressenti au décès de vos parents ?

– Rien de particulier, avait-il répondu. C'était dans le cours des choses. Nos parents étaient tous deux gravement malades et nous savions que c'était une question de temps. Ils se sont suivis très rapidement dans la mort, à quelques semaines d'intervalle. Ma sœur et moi étions préparés. Certes ce n'était pas réjouissant, mais voilà, nous n'avons pas été pris par surprise.

– OK, lui avais-je dit. Vous vous êtes donc installé ensuite dans la maison où vous aviez grandi ?

– Oui. Sonia, ma sœur, ne voulait pas rester seule. Elle a passé toute sa vie à s'occuper de nos parents. Je ne lui connais aucune relation amoureuse. En fait, nous n'avons jamais abordé ce sujet ensemble. Je l'ai donc rejointe, car ça ne changeait par grand-chose pour moi. Au contraire, elle s'occupe des repas, de mon linge, de tout quoi. Et puis le trajet est aussi plus court pour me rendre à mon travail. Tout ça est très positif au final.

Robert restait en surface, il refusait inconsciemment d'aller voir au fond de lui ce qu'il s'y passait. Ce comportement est révélateur d'une très grande souffrance et si Robert souhaitait aller mieux, il allait bien falloir qu'il trouve la force de plonger en lui pour faire un état des lieux de la réalité de sa situation. Mon boulot étant de l'accompagner, je lui avais ensuite demandé :

— Et justement, comment se passe le quotidien avec votre sœur ? Elle s'occupe de tout et cela semble vous convenir, mais elle, comment est-elle ? Pourriez-vous me décrire comment vous la voyez, comment elle est, selon ce que vous observez ?

— Elle est gentille et patiente, mais je reconnais qu'elle ressasse toujours le passé. C'est une personne très serviable, mais elle me rappelle tous les jours tout ce qu'elle a fait pour nos parents. Elle ne me reproche rien, en tout cas, pas directement. Mais c'est vrai qu'elle me dit aussi quoi faire pour tout. Quand je me suis installé dans la maison, nous avons libéré une chambre pour en faire mon atelier. Au début, elle venait et elle s'asseyait dans un coin pour me regarder peindre. Elle ne disait rien, ne faisait aucun commentaire et sa présence ne me gênait pas, mais, petit à petit, je l'ai entendue pousser des soupirs et puis, soudainement, elle quittait la pièce. Elle a fini par ne plus venir dans l'atelier. Après plusieurs semaines, je lui ai demandé un soir au dîner pourquoi elle ne venait plus. Elle ne m'a pas répondu. J'ai insisté, je lui ai demandé si ma peinture lui déplaisait et elle m'a répondu qu'il y avait trop de couleurs.

J'avais souri. Robert venait de dévoiler la réponse à sa problématique, mais il ne l'avait pas encore entendue. J'avais poursuivi, avec le plus de douceur possible :

– Et vous aimez votre sœur, n'est-ce pas ? Vous voudriez lui faire plaisir, elle qui s'occupe de tout et qui est si patiente avec vous, c'est ça ?

– Oui, c'est exactement ça. Je ne veux pas la contrarier, je ne veux pas qu'elle souffre. Je sens qu'elle est déjà en souffrance et je ne veux pas lui nuire encore plus.

Robert était comme dans un état second. Ma voix grave et posée, hypnotique, l'entraînait dans les méandres de son subconscient sans même qu'il s'en aperçoive. Son mental hyperactif était trop occupé à donner des détails les plus précis possible pour tenter de garder un épais couvercle sur la marmite émotionnelle dont le contenu commençait à bouillir.

Toujours avec douceur, mais en y ajoutant de la fermeté, je lui avais alors demandé :

– Que ressentez-vous pour votre sœur, Robert ?

Assis bien droit dans le fauteuil, Robert m'avait regardé droit dans les yeux et avait répondu calmement, dans une maîtrise parfaite :

– Amour et compassion.

Robert était mûr, je le sentais, je le voyais. Ses émotions étaient là, à fleur de peau, et le moment était venu de les libérer.

Je lui avais alors dit :

– Robert, on va peut-être arrêter de se mentir, non ? Cessez de nous servir votre discours bouddhiste d'amour et de compassion et dites-nous franchement ce que vous pensez de votre sœur. Maintenant.

Mon ton était devenu subitement ferme et exigeant. Robert était à point, il ne luttait plus. Il s'était alors lâché et avait hurlé dans la petite pièce :

– J'en ai marre de Sonia, elle me fait chier, je ne la supporte plus. Elle croit qu'elle sait tout et j'en ai marre. Elle regarde tout de haut, elle n'aime pas ma peinture. Je sais qu'elle me reproche de ne pas avoir été plus présent pour nos parents, mais bien sûr, madame est trop bien pour me le dire en face. Et maintenant, à sa manière, elle me le fait payer. Elle m'emmerde, je ne la supporte plus, j'en ai ras le bol.

Sous l'effet de la colère, Robert avait été comme propulsé de son fauteuil. Puis une fois qu'il avait vidé son sac, il était retombé assis et m'avait regardée, surpris que lui, bouddhiste invétéré depuis vingt ans, ait été capable d'un tel comportement.

Ses chakras avaient repris de la couleur, ils étaient comme ranimés et un fin lien se reformait entre Robert, la terre et le ciel. La terre, bien entendu, représente symboliquement la Mère et le ciel représente le Père. J'imagine que bon nombre d'entre vous se disaient que c'était le décès des parents de Robert qui avait coupé le lien qui le reliait à eux. Le décès n'était pas la cause. La cause de la coupure du lien était la propre culpabilité inconsciente que Robert ressentait de ne pas avoir été plus présent auprès de ses parents et cette culpabilité lui était révélée et entretenue par l'intermédiaire de sa sœur. J'avais regardé mon consultant, assis face à moi :

– Maintenant Robert, vous allez vraiment pouvoir vivre l'amour et la compassion pour votre sœur. Vous venez de sortir de votre conditionnement mental, de votre théorie sur l'amour et la compassion et ce n'est qu'en sortant de notre mental que nous pouvons vivre ce qui est.

Je lui avais parlé ensuite de ses chakras, je lui avais expliqué le lien à ses parents, je lui avais dit que les émotions sont les couleurs de la vie, j'avais abordé ses pratiques méditatives, je lui avais expliqué encore tout ce qu'il avait besoin de comprendre afin qu'il continue à se guérir. La voie chamanique est une voie d'expérience. Si j'avais donné les explications à Robert avant qu'il ne libère sa puissante émotion de colère, son mental se serait nourri de ces explications et aurait créé une illusion de libération. Sans explications, sans nourriture théorique, le mental, impuissant à maintenir le couvercle au-dessus de la marmite émotionnelle, est obligé de lâcher rapidement et c'est là que la guérison se produit, bien réelle. Le mental est remis à sa place de serviteur et il n'est plus le maître incontesté qu'il croit être. L'énergie de vie continuait de circuler de plus en plus librement et Robert reprenait des couleurs.

Il n'est jamais revenu me voir en consultation, une seule avait suffi. Un mois après notre rencontre, il m'avait envoyé un e-mail dans lequel il m'annonçait qu'en rentrant chez lui il avait pu dire les choses à sa sœur, calmement. Ensuite, il s'était trouvé un nouvel appartement et il avait redéménagé. Sa sœur et lui avaient pris la décision de mettre la maison familiale en vente et Robert s'était remis à peindre, comme par magie.

La méditation et la voie de la sagesse bouddhiste sont à la mode en Occident de nos jours, mais combien de personnes comprennent vraiment comment tout cela fonctionne ? Comme je le dis souvent, «cela vaut mieux que de tirer des canards». Par cette expression teintée d'humour, je veux dire qu'il est plus positif de pratiquer telle ou telle chose plutôt que de nuire à la vie des autres (ici les autres, ce sont les canards). La méditation est un terme fourre-tout dans lequel on jette aussi bien la vraie méditation que des techniques de visualisation guidée, de relaxation ou de concentration. Je reconnais que mon côté un petit peu puriste aime que chaque chose soit à sa place, car j'ai déjà expérimenté que l'ordre apaise l'esprit et que la communication entre les êtres est ainsi facilitée lorsque nous parlons le même langage. Et si la communication est facilitée, l'échange est plus constructif en tout cas, c'est mon point de vue. C'est comme pour la vision et la visualisation. Combien de personnes les confondent encore ? Réponse : une grande majorité et voilà pourquoi nous continuons à vivre dans un monde d'illusions.

Revenons au chamanisme. Bien évidemment, chaque chamane a sa personnalité et son histoire, mais chaque pratique commence toujours par une purification suivie d'un rechargement en énergie. En effet, à quoi sert-il de recharger une personne en énergie de vie si au préalable elle n'a pas été vidée et nettoyée des énergies toxiques ? C'est comme pour les émotions, comment voulez-vous être calme et serein si vous n'avez pas d'abord extériorisé les émotions qui vous perturbaient ? Bien entendu, cela peut se faire de différentes manières, mais tout le monde sait bien que toute émotion non libérée finira par s'exprimer à un moment ou à un autre. Toute émotion non reconnue et donc non traitée finira en maladie et je connais bon nombre de personnes dans mon entourage proche ou parmi les personnes qui me consultent qui ne reconnaissent pas leurs émotions tout en imaginant savoir les gérer. Leurs corps parlent pour eux et leurs Âmes crient, mais ils écoutent uniquement leur psychisme, leur mental surpuissant qui les maintient dans l'illusion que tout va bien.

Le chamane ne fait pas le chamanisme et je me dis qu'avec Ramon, je suis bien tombée. Chaque chamane est avant tout un être humain qui a une expérience à vivre, comme n'importe lequel de ses semblables. Le hasard n'existant pas, je rencontre un chamane qui partage la vision et la compréhension que j'ai de la vie. La seule intention de l'*uwishin* est de soigner et pour cela il se laisse guider, il fait ce qu'il a à faire, il utilise les compétences innées qu'il possède ainsi que celles qu'il a développées par ses années d'apprentissage et de pratiques. Je me sens entre de bonnes mains avec lui, parfaitement en sécurité. Il n'émane aucune intention inconsciente néfaste à mon égard et je continue, pas à pas, à lâcher prise.

Progressivement, je poursuis ce pour quoi j'étais venue : poser mes bagages, alléger mon sac à dos des lourdes mémoires qui le chargent encore. En déposant ces pierres-mémoires, je commence à découvrir un véritable trésor, je m'enrichis, je fais fortune. Comment pouvais-je retrouver la lumière, ses ors et ses richesses alors que j'étais pleine de noirceur, de résidus, de souvenirs lourds et de blessures ? Qu'est-ce que j'attends donc, moi, pour sortir mes émotions ? Ramon est-il celui qui arrivera à me faire lâcher mes résistances ?

En attendant le taxi

J'ai rencontré l'*uwishin* pour la première fois il y a quatre jours et tant de choses se sont déjà produites. Ignorant tout de la cascade et de la médecine que l'on me fera expérimenter ce soir, je choisis de manger léger. Mes intestins ne sont pas au beau fixe et je revis intensément les douleurs de la maladie de Crohn et de la spondylarthrite. Une diète ne suffira pas à les faire disparaître, il me faut aussi et surtout assouplir mon mode de pensée, être plus cool, moins rigide vis-à-vis de moi-même. Il y a quatre ans déjà, j'avais rencontré un thérapeute-formateur dont les paroles me reviennent en mémoire :

– Tu es si dure avec toi-même et cela contraste tant avec la douceur et l'écoute dont tu sais faire preuve avec les autres. Si tu étais au moins dix pour cent aussi douce avec toi-même que tu es capable de l'être avec les autres, ta vie serait déjà beaucoup plus paisible.

Je crois qu'à l'instant même où il m'avait dit cela, je n'avais pas encore pris conscience de ce que je pouvais m'infliger. Et je lui avais répondu :

– Parce que tout le monde n'est pas aussi exigeant envers lui-même que je le suis ?

– Mon Dieu, non ! avait-il répliqué. Si c'était le cas, notre vie serait encore plus infernale qu'elle ne l'est déjà.

M'assouplir, m'adoucir, être aimante pour l'être imparfait que je suis. Mes parents ont été exigeants envers moi, mais ils l'ont aussi été envers mes sœurs et mon frère. Sont-ils, eux aussi, exigeants vis-à-vis d'eux-mêmes comme je le suis ? Je constate que nous n'avons jamais eu de conversation entre nous à ce sujet. De quoi donc avons-nous pu bien parler pendant les quelques années où nous nous sommes côtoyés ? En fait, nous ne nous parlions pas vraiment, nous n'étions absolument pas proches et encore moins solidaires. Nous avons été éduqués à être en compétition les uns envers les autres. Le meilleur à l'école, le plus travailleur, le plus sage, le plus obéissant, le plus impliqué recevait les considérations et la reconnaissance des parents. Les autres, ceux qui échouaient, ceux qui tenaient tête, ceux qui se rebellaient, n'avaient pas droit de cité. Mais l'éducation n'est pas tout et je reconnais que je porte déjà en moi ce potentiel d'exigence et d'indépendance par rapport au cocon familial. J'abhorre la médiocrité, l'inertie, le laisser-aller. C'est donc une partie de moi que j'abhorre et que je rejette, car moi aussi je suis parfois médiocre, inerte et je me laisse aller, bien plus souvent que je ne le voudrais.

Je laisse mon repas en plan et me dirige vers le Rio. La tête pleine de ces réflexions et le ventre plein de ces émotions, je prends une longue et profonde inspiration et à l'expiration, j'expulse loin de moi les pensées négatives et les énergies toxiques qui m'empêchent de vivre pleinement. Je me sens instantanément apaisée et je savoure un moment l'instant avant de retourner à la préparation de mon maigre repas.

Je m'assieds sous le petit abri pour déguster une banane plantain cuite à l'eau et une pomme. Avant de manger, je remets en place un court rituel que j'ai déjà pratiqué auparavant. Je purifie les aliments que je vais ingérer tout en préparant mon corps à les accueillir. Je place ma main gauche – celle qui enlève – au-dessus de l'assiette tandis que ma main droite – celle qui charge – est posée sur mon estomac et mon intestin grêle. Je pose l'intention de purifier les aliments qui sont dans l'assiette en les déchargeant de tout ce qui est inutile à mon organisme. De l'autre côté, je prépare mon système digestif à accueillir la nourriture purifiée. Je relie donc les deux énergies, celle des aliments et celle de mon organisme, afin d'éviter tout éventuel conflit d'incompatibilité. Puis, j'ôte ma main gauche de l'assiette et couvre les aliments avec ma main droite afin de les dynamiser et d'augmenter encore leurs qualités nutritives. Lorsque je sens que c'est OK, je me lève et offre à la Terre Mère une partie de mon repas afin de la remercier en lui rendant un peu de ce qu'elle m'a offert. Ce faisant je remercie également tous les êtres qui ont contribué à ce que je puisse manger aujourd'hui : les cueilleurs de fruits, les grossistes et autres marchands, les chauffeurs de véhicules qui ont permis l'acheminement des denrées, mais aussi la pluie, les arbres, les insectes, les vers, les animaux bref tous celles et ceux qui font ce qu'ils ont à faire, qui remplissent leur rôle. Je retourne ensuite m'asseoir et commence à manger en conscience, lentement. En pratiquant ce simple et court rituel, je vide également mon esprit de toutes les pensées inconscientes qui pourraient encore bloquer l'ingestion de la nourriture et provoquer par là même des émotions de rejet en contradiction avec mes besoins physiologiques. Cesser d'alimenter le mental qui veut toujours tout contrôler.

Avez-vous déjà remarqué que lorsque l'on souhaite changer une habitude, nous fixons toute notre attention sur cette habitude ? Je vous donne un exemple : vous avez envie de mincir et naturellement, vous vous focalisez sur le nombre de kilos que vous souhaitez perdre. Vous allez probablement perdre du poids, mais au prix de quel effort ? Pour mincir de cette façon, vous devrez faire appel à votre volonté et votre volonté, aussi puissante soit-elle, sera sans effet face aux injonctions très inconscientes que vous avez programmées dans votre subconscient depuis que vous êtes né. De plus, il est dit que la matière et que la nature n'aiment pas le vide. L'être humain a également très peur du vide et c'est pour cette raison que notre société de consommation fonctionne si bien.

Par conséquent, si vous avez peur du vide – très inconsciemment bien sûr – et que vous désirez perdre du poids – de façon très consciente cette fois – vous êtes face une division intérieure et dans cette division, c'est bel et bien votre subconscient qui remportera la victoire. Gardez toujours en mémoire que le conscient est la partie émergée de l'iceberg alors que le subconscient en est la partie immergée et je me permets de vous rappeler que c'est bien la partie immergée, celle que l'on ne voit pas, qui a fait couler le Titanic. Revenons à votre désir de mincir. Plutôt donc que de vous focaliser sur le poids que vous souhaitez perdre, essayez de focaliser toute votre attention et toutes vos pensées conscientes sur le fait de gagner quelque chose au cours de cette démarche minceur. En effet, vous pouvez gagner de la légèreté, de la souplesse, de la santé, de l'énergie bref, un tas de choses super sympas, non ? On dit également que le subconscient obéit facilement et bêtement au conscient et voilà pourquoi tant de personnes pratiquent la pensée positive et le coaching mental, s'imaginant que leur mental inférieur conscient pourra soumettre leur mental supérieur ou subconscient. C'est comme si on disait que le Féminin – le subconscient – obéissait facilement et bêtement au Masculin – le conscient. Je ne sais pas pour vous, mais pour moi, ce mode de pensée et sa mise en application sont dérangeants. Les deux sont indispensables l'un à l'autre et les deux ont la même valeur, comme je l'ai déjà dit.

Toute à ma réflexion sur l'équilibre entre Féminin et Masculin, j'entends une voix qui m'appelle :

– *Hello*, il y a quelqu'un ? On peut entrer ?

Je me tourne vers la barrière et vois un couple d'Européens d'une quarantaine d'années qui me fait signe. Je leur réponds par un autre signe et les invite à me rejoindre.

– Salut, me dit la femme. Comment vas-tu depuis l'autre jour ?

– L'autre jour ? Euh... nous nous sommes déjà rencontrés ?

La femme se met à rire :

– Ben oui, l'autre soir chez Ramon. On s'est présentés très rapidement, mais on ne pouvait pas rester, nous avions autre chose de prévu.

– Oh oui, désolée, je me souviens vaguement de vous, mais j'avoue que je n'étais pas tout à fait là l'autre jour.

– On avait remarqué, ajoute l'homme avec un charmant accent québécois.

– Vous êtes Canadiens ? leur demandé-je alors.

– Non, Paul est Canadien et moi je suis Française, répond la femme. Je m'appelle Patricia et toi ?

– Moi, c'est Marie.

– Paul va se balader au centre du *pueblo*, continue Patricia. Tu veux bien que je reste papoter un peu avec toi ?

– Avec plaisir, lui dis-je.

Paul nous quitte de suite, je prends un second gobelet et la bouteille d'eau et nous allons nous asseoir sur des fauteuils de jardin entre la *casa* et le bloc sanitaire.

Patricia me parle d'elle et de son ami, de leurs nombreux voyages à la découverte du chamanisme sud-américain et des plantes maîtresses. Eux aussi connaissent très bien Pierre-Marie, le président de l'association. Il semble qu'il soit une personne incontournable pour qui veut rencontrer des chamanes shuars. Puis, en toute sympathie, Patricia me questionne sur ma démarche. Je lui parle alors aussi librement qu'elle m'a parlé et elle me questionne abondamment sur ma vision de la vie et du monde, sur ma réalité. Elle semble subjuguée par ce que je lui dis. J'ai l'impression que je lui parle dans une langue qu'elle ne comprend pas.

— Tu vas bien ?

Ma question la fait sursauter.

— Waouh ! lâche-t-elle dans un souffle. Mais tu es qui toi ?

Sa question me surprend à mon tour et je lui réponds :

— Je viens de tout t'expliquer. Tu n'as pas compris ce que j'ai dit ? J'ai été trop vite peut-être ?

— Non non, me dit-elle. Je suis désolée si ma question t'a choquée, ce n'était pas mon intention. Mais là, avec tout ce que tu me dis, tout ce que j'entends... Tu vas si loin, si profondément, au cœur des choses et puis... Tu fais le lien entre tout. C'est juste incroyable, c'est hallucinant. Mais comment tu fais ?

— Je ne sais pas, lui dis-je alors avec sincérité. C'est comme ça que je suis, c'est comme ça que je fonctionne.

— Mais... Tu es tout le temps comme ça ? me demande-t-elle alors.

– Euh... oui... sauf quand je me retiens pour ne pas effrayer les gens. Tu sais bon nombre de personnes s'accordent pour dire de moi que je suis schizophrène. Ou dépressive. Ou bipolaire. Enfin, ils n'arrivent pas vraiment à se mettre d'accord sur la maladie qui me caractériserait, mais ils sont d'accord sur le fait que je suis une malade mentale.

– Ah ouais, continue-t-elle. Je ne suis donc pas la seule à me questionner à ton sujet. Mais c'est vrai que la façon dont tu fonctionnes, c'est juste... flippant. Le prends pas mal, hein.

– Non tu n'es pas la seule à te poser des questions et à me trouver flippante. Il paraît que je fais peur à certains psychiatres, mais aucun d'entre eux n'a encore réussi à me mettre sous cachetons. Je me suis permis de te parler librement parce que tu viens de me dire que Paul et toi vous fréquentiez des chamanes amazoniens depuis plusieurs années et naturellement, je me suis dit qu'à force, vous aviez commencé à comprendre comment fonctionne le monde. Vous n'en êtes pas encore là ?

– Oh là là non, pas du tout ! s'exclame Patricia. Nous on voyage surtout pour prendre l'ayahuasca et puis après, on rentre chez nous, on reprend le boulot et on attend l'année suivante pour repartir en voyage et reprendre des plantes.

Je suis, je le reconnais, abasourdie par sa réponse.

– Mais si vous ne vous laissez pas enseigner par les plantes et les chamanes, pourquoi vous continuez à prendre l'ayahuasca ? La plante vous enseigne, c'est inévitable. Rien dans votre vie n'a donc changé depuis tout ce temps ?

— Ah, mais nous on s'en fout des enseignements, me répond-elle. Nous, tout ce que l'on veut, c'est se faire des trips. Ça nous permet de faire une coupure avec notre quotidien. On n'est pas à ton niveau, pas du tout.

Je vous avoue que là, si je n'avais pas été assise, je serais tombée sur mon postérieur. Je garde le silence, il n'y a rien à dire. Patricia reprend alors :

— Purée... Avec le niveau de conscience que tu as... Ta vie ne doit pas être jojo au quotidien, je me trompe ? Je comprends que les psys te trouvent tarée.

— Non en effet, elle n'est pas jojo.

— Et bien moi, si j'étais toi, je plaquerais tout en France et je viendrais vivre ici. Tu as l'air d'être en phase avec Ramon, on dirait que vous voyez le monde de la même façon. Tu es une chamane en fait. On te l'a déjà dit ? Et tu sais ce que les psys de chez nous pensent des chamanes, hein ? Et Ramon, il le sait que tu es chamane ?

Paul arrive à la barrière en même temps que mon taxi et cela m'évite de répondre à Patricia. Il doit être quinze heures. Je propose à mes visiteurs de profiter de la course avec moi, mais ils déclinent, ils ont leur voiture un peu plus loin. Nous prenons congé et je me laisse conduire jusqu'à Guarida.

Une fois déposée devant la maison de Ramon, je suis accueillie par Teo :

— Nous allons à la cascade, me dit-il. Tu as un maillot de bain avec toi ?

— Oui bien sûr, je l'ai enfilé avant de venir et j'ai aussi ma serviette.

— OK super. Nous allons bientôt partir. Mon père est parti chercher Abelardo.

— Abelardo vient avec nous ?

Je suis étonnée que le vieux chamane soit du voyage.

— Oui, me répond Teo en souriant. Tu as de la chance, tu vas vivre la cascade avec trois chamanes shuars rien que pour toi.

Je lui souris en retour et lui demande, à la fois amusée et curieuse :

— Trois chamanes shuars pour moi toute seule ? C'est un honneur que vous me faites ou bien c'est parce que mon cas est vraiment très préoccupant ?

Teo éclate de rire et me donne une légère tape sur l'épaule. Il s'approche alors de mon visage pour murmurer au creux de mon oreille :

— Un peu des deux, lâche-t-il d'un air mystérieux.

Mon sourire se fige et mon sang se glace. Les Shuars ont-ils de l'humour ou sont-ils systématiquement premier degré ?

La cascade

Je suis assise à l'arrière du pick-up avec Abelardo.

– *Hola mi amiga*, m'avait-il dit en me saluant.

Il avait serré ma main dans les siennes, son regard perçant sondant le mien. Teo conduit et les trois hommes échangent en shuar et en espagnol. Je me laisse bercer par les mouvements du véhicule et la sonorité de leurs paroles. Il fait beau et je ne me soucie aucunement de savoir dans quelle direction nous allons ni du temps qui passe. Teo arrête le véhicule et le gare sur le bas côté. Ramon se tourne vers moi et me dit que nous sommes arrivés. La cascade est visible depuis la route et elle ne me paraît pas vraiment impressionnante. Des cascades comme celle-là, j'en ai déjà vu en France et des biens plus importantes. Je me sens donc confiante même si j'ignore encore ce que nous allons y faire. Tandis que Teo reste près de la voiture, les deux autres hommes et moi descendons vers une sorte de bassin naturel qui reçoit l'eau de la chute. Comme nous sommes en contrebas de la route, la cascade paraît tout de suite beaucoup plus haute. Il est intéressant de voir les choses sous un autre angle, n'est-ce pas ? Ramon et Abelardo se parlent et je crois comprendre que mon chamane invite son ami à procéder à l'appel des Esprits. Le vieil *uwishin* le remercie de cet honneur, il se tourne vers la cascade et se met à siffler. Il appelle, il parle et siffle encore. Je me dis en souriant que les Esprits shuars doivent être un peu sourds, car Abelardo crie presque lorsqu'il s'adresse à eux, mais je sais qu'il faut que sa voix couvre le bruit de la chute. Puis les deux chamanes se déshabillent et Ramon me fait signe d'en faire autant. Je me retrouve donc en bikini entre les deux petits Shuars eux-mêmes en bermuda de bain. La température de l'air est d'une tiédeur agréable. J'ignore quoi faire et comme s'ils s'étaient donné le mot – ils l'ont peut-être fait d'ailleurs – les deux hommes se tournent vers moi en souriant. Ramon est à ma gauche et il me présente sa main droite, Abelardo est à ma droite et il me présente sa main gauche. Mains dans les mains, nous avançons tous trois et pénétrons lentement dans le bassin. Les pierres sous mes pieds sont glissantes et l'eau est plutôt fraîche. Nous sommes maintenant au milieu de la piscine naturelle, l'eau arrive juste sous ma poitrine tandis que mes compagnons Shuars n'ont plus que la tête qui dépasse. Nous formons un petit cercle dans l'eau et Ramon me tend alors une feuille de tabac. Il en donne une à Abelardo et il en prend une pour lui. Les deux chamanes mettent la feuille dans leur bouche, je les imite et nous mâchons. Puis n'ayant reçu aucune autre indication, après un moment, je l'avale. Les deux hommes reprennent mes mains dans les leurs et m'entraînent au pied de la cascade. Le bruit est assourdissant, la température est encore plus fraîche et l'eau qui m'éclabousse me glace. Je n'ai absolument pas l'intention de faire un pas de plus en avant. Ramon reste à côté de moi tandis que le vieil *uwishin* avance encore, se met carrément sous la chute et plaque le devant de son corps contre le rocher. Ramon me regarde, tout sourire :

– Viens Maria, viens avec moi.

Je ne lui dis pas verbalement que non, je n'irai pas avec lui et que son magnifique sourire ne me fera absolument pas changer d'avis, mais tout mon corps parle pour moi. Alors même que je crois être fermement ancrée dans le sol, déterminée à ne pas bouger si ce n'est pour faire demi-tour, le petit chamane serre ma main dans la sienne et avance d'un pas décidé pour se plaquer contre le rocher, l'eau glacée lui tombant sur la tête et le dos. Et moi, bien évidemment, je suis à côté de lui et je hurle ma douleur, car oui, la puissance de ce qui me tombe dessus me fait atrocement mal. Par réflexe, je tente de faire un pas en arrière et je sens alors une minuscule main qui se plaque au milieu de mon dos au niveau de mes premières vertèbres dorsales. Je suis tétanisée, incapable de bouger. Mon front est appuyé sur le rocher, mon diaphragme se bloque, ma respiration se coupe, je ne ressens plus aucune émotion, je n'ai plus aucune pensée, je suis en mode survie. Je tente une dernière fois de me débattre, mais la main me maintient toujours sous la chute et j'entends alors la voix douce de Ramon :

– Lâche Maria, lâche.

J'aimerais lui répondre que je suis en train de crever, mais je n'ai même plus la force de prononcer le moindre mot. Impossible d'inspirer l'air dont j'ai tant besoin, je suis figée, tétanisée, un voile noir brouille ma vue, je ferme les yeux pour ne plus le voir et je me sens alors tomber dans le vide. Puis soudainement, en une fraction de seconde, sans savoir comment, je cesse de lutter. Je lâche, mon corps lâche, mon diaphragme se débloque, j'inspire calmement et lentement l'oxygène. Ramon a retiré sa main de mon dos, j'ouvre les yeux et me tourne vers lui. Il me sourit et moi, j'éclate de rire. Je suis vivante ! Sous la cascade. Je ne fais plus qu'un avec elle, je ne ressens plus le choc de l'eau sur ma peau, j'ignore si elle est chaude ou froide, il n'y a plus de séparation entre elle et moi. Nous sommes Un. Je vois clair, je vois Teo au loin resté près du pick-up, je vois Abelardo qui me sourit aussi, je vois les Esprits shuars bienveillants qui sont là, avec nous. Je ris toujours et je pleure tout autant. Mon Cœur déborde de gratitude. Je suis vivante. J'ai réussi à lâcher, j'ai cessé de me battre contre l'autre – ici, la cascade – j'ai cessé de considérer qu'entre l'autre et moi il devait y avoir un dominant et un dominé. La vie circule, forte, puissante. La vie est harmonie. La vie ne fait pas mal.

Avec reconnaissance et douceur, je caresse le rocher luisant puis je me retourne et y plaque mon dos, le visage levé vers la chute, l'eau qui s'écoule dans ma gorge. C'est bon. Je ressens un instant de bonheur intense. Je savoure. Puis j'entends Ramon qui m'appelle. Abelardo et lui sont déjà retournés dans le bassin et à regret, je les rejoins. Ils sortent la feuille de tabac mâchée de leur bouche et la laissent aller à l'eau. Le chamane me demande où est la mienne et la mine déconfite, je lui mime que je l'ai avalée.

Il regarde alors son vieil ami en haussant les épaules et ils éclatent de rire.

Le soir

Nous sommes de retour à Guarida et le soleil est déjà couché. Ramon me dit que je resterai ici cette nuit. Il me demande si je souhaite manger quelque chose avant ma seconde rencontre avec *natem*, l'ayahuasca. Je lui réponds par la négative, préférant avoir l'estomac vide, on ne sait jamais. Ma toux sèche est toujours présente et ne semble pas vouloir évoluer. Le chamane n'a aucune réaction lorsqu'il m'entend tousser, mais je sais qu'il en prend note. Il part vers la petite *casa* traditionnelle au fond du jardin tandis que je reste seule sous le patio. Abelardo a disparu, Teo est lui aussi absent et j'entends vaguement les bruits que fait la famille restée à l'intérieur de la maison. Personne ne met son nez dehors, j'ai la vague sensation d'être coupée du reste du monde. Je déplace un fauteuil en plastique pour m'asseoir, mais je n'ai pas le temps d'y poser mes fesses que Ramon réapparaît et m'appelle. Alors que je le rejoins, Abelardo est là et se tient debout à côté de l'entrée. L'ambiance est étrangement calme, rien à voir avec la soirée au cours de laquelle le chamane recevait tous ses patients. Je ne suis plus seule coupée du monde, nous le sommes maintenant tous les trois. Alors que nous entrons dans la *casa* dont l'intérieur est uniquement éclairé par l'ampoule extérieure, je constate qu'aucun feu n'a été allumé. Je frissonne de froid. Trois fauteuils sont installés formant, comme à la cascade, un petit cercle. Toujours comme à la cascade, Abelardo s'assied à ma droite, Ramon à ma gauche. Chaque bruit, aussi infime soit-il, résonne dans le silence et l'ambiance me semble carrément apocalyptique. L'*uwishin* verse du jus de tabac dans la paume de la main de son ami qui l'inspire de suite par les narines puis c'est mon tour et enfin, Ramon se sert. L'effet du jus de tabac est immédiat et n'est absolument pas comparable avec ma première expérience. Est-ce parce que mon estomac et tout mon être ont été purifiés par *piripri* hier et par la cascade cet après-midi ? Peu m'importe, je suis instantanément prise d'étourdissements et je m'accroche aux accoudoirs du fauteuil pour ne pas tomber. Dans la foulée, le chamane a déjà versé *natem* dans un petit bol, il y rajoute encore du jus de tabac et présente la mixture à Abelardo. Aussitôt avalée, le vieil homme s'exclame :

– Waouh, c'est de la bonne celle-là !

Abelardo s'est exprimé en shuar mais je l'ai compris. Tous mes sens sont à nouveau en alerte. Je comprends leur langue, je vois dans le noir comme s'il faisait jour et j'ai la sensation que l'énergie des deux hommes se mêle à la mienne comme si nous étions à la fois séparés et imbriqués les uns dans les autres. Pourtant mes yeux me disent bien que nous sommes tous assis sur notre chaise. Toutefois, en entendant la réflexion d'Abelardo, je me dis brièvement que ce serait sympa que Ramon oublie de me faire prendre le breuvage. Alors même que je me sentais précédemment confiante face à la plante, les effets du jus de tabac me déstabilisent et si en plus c'est de la bonne pour un vieux chamane aguerri, quelle sera donc la puissance de ce que je vais ingurgiter ?

Le temps de ma courte réflexion et le bol est déjà devant moi, attendant que je le prenne. OK. J'y vais et j'avale le breuvage d'une traite. Réfléchir et hésiter ne feront que nourrir la peur qui commence à me titiller. Ramon boit ensuite et il se met à chanter. Ma conscience s'élargit encore et je vois l'*uwishin* debout face à son vieil ami. Il est en train de lui faire un soin. Mes yeux voient toujours ce qu'il se passe à l'extérieur tandis qu'un autre regard – un regard plus intérieur – est justement dans le corps d'Abelardo, dans le corps de Ramon, dans l'énergie qui agit entre les deux. Je suis partout à la fois et dans mon corps aussi. Les deux hommes ne se préoccupent absolument pas de moi et ils échangent à propos des blocages que Ramon est en train de dénouer chez son ami.

Je trouve cela absolument passionnant, mais alors que tout mon esprit se concentre pour se focaliser sur le travail que produit l'énergie afin de lever les blocages, voilà que mon corps me rappelle à l'ordre. Je me sens complètement glacée et d'ailleurs mes dents claquent les unes contre les autres sans que je puisse maîtriser leurs mouvements. Je ressens des démangeaisons comme si des millions de vers grouillaient sous ma peau et toujours sans aucune maîtrise, je me mets à gratter mes avant-bras avec frénésie. Alors même que j'ai froid, très froid, je relève les manches de mon t-shirt pour mieux me gratter.

J'y vais si fort que je ressens la douleur des griffures, mais je suis réellement incapable de m'arrêter. Les démangeaisons s'accentuent encore et je voudrais m'arracher la peau, je voudrais me peler à vif, cela devient obsessionnel. J'ai envie de parler, de hurler, d'attirer l'attention de l'*uwishin*. J'ouvre la bouche, mais aucun son ne sort. J'ai conscience que mon corps est en hypothermie, que les battements de mon cœur ralentissent, que ma respiration est à peine perceptible. Toutes les constantes s'abaissent et le froid commence même à s'étendre à mes organes, de plus en plus profondément, et jusque dans la moelle de mes os. Ma conscience est pleinement dans mon corps, aucune vision ne se présente à moi.

J'ignore depuis combien de temps je suis dans cet état lorsque j'entends Abelardo qui dit à son ami :

– Il faut que tu t'occupes de la femme.

Je vois Ramon qui se tourne vers moi, calmement. Il me soulève de ma chaise et me porte comme il porterait une plume pour me déposer, assise, sur la table de soins. Je tremble toujours, je me gratte toujours et il écarte mes mains de mes avant-bras. Commence alors le soin. Ramon utilise une grande quantité de liquide qu'il met dans sa bouche et qu'il asperge ensuite sur toutes les parties de mon corps. Il souffle, il aspire, il crache sur le sol ce qu'il a extrait de moi puis il y retourne, il reprend du produit et recommence tout le processus. Il allume une cigarette et souffle la fumée à plusieurs endroits, il chante et il purifie, encore et encore. Je le vois qui insiste particulièrement au niveau de mon estomac, de mes intestins, de mes vertèbres lombaires et sur le dessus de ma tête. Le chamane reprend un bol de *natem* et revient vers moi. Je suis toujours assise, hébétée.

Combien de temps cela dure-t-il ? Je suis encore glacée lorsque l'*uwishin* me fait descendre de la table. Je peux marcher, mais je me sens si faible sans pour autant me sentir vide. Je vois toujours aussi clair comme je verrais en plein jour. Ramon me tient par le bras pour me conduire vers la chambre à coucher de Teo. Je retire mes chaussures et me couche toute habillée, le chamane me couvre et rajoute encore deux couettes sur la première. Je grelotte toujours, je ne pense à rien, je ne cherche même pas à comprendre ce qu'il m'arrive ni comment je vais m'en sortir. Je ne lutte pas, j'accueille ce qui est, dans l'instant, quand bien même c'est très inconfortable.

Je ne dormirai pas de la nuit et je ne me réchaufferai pas non plus. Je souris vaguement lorsque le jour se lève et je me dis que le soleil arrivera sans doute à me faire un peu de bien.

Où il est question de responsabilité

Je me lève avant tout le monde. La maison est à peu près calme si je fais abstraction du bruit de fond de la télévision qui est restée allumée toute la nuit, du coq qui chante dans la cour et du perroquet qui se parle à lui-même ou au coq peut-être. Il doit être à peine six heures et le soleil n'a pas encore fait sa complète apparition.

Je repense à mon expérience de la veille au soir et je me souviens que Ramon m'avait précédemment expliqué que lorsqu'une personne était sous l'effet d'une plante maîtresse psychotrope et que cette personne avait des visions, cela signifiait qu'elle était en lien direct avec le plan spirituel.

— Toi, avait-il poursuivi, si tu as des visions tout le temps sans avoir besoin de prendre *natem* ou autre chose, cela veut dire que tu es tout le temps connectée au plan spirituel. C'est bien, tu as de la chance. Tout le monde voudrait pouvoir faire comme toi.

— Mais ça sert à quoi ? Je n'en fais rien, lui avais-je alors répondu. Je ne sais même pas comment je fais pour être tout le temps connectée.

— Ça ne sert à rien de savoir comment tu fais. Tu le fais, c'est tout.

Je n'avais pas pris la peine de lui expliquer que tous les Occidentaux que je rencontrais me demandaient justement comment je faisais, attendant impatiemment que je partage avec eux ma méthode ou mon mode d'emploi. Ils étaient alors frustrés lorsqu'ils m'entendaient leur dire que je ne connaissais pas la réponse à leur question. Combien d'entre eux m'ont alors jugée comme étant égoïste et orgueilleuse, me condamnant de vouloir garder mon secret et donc une sorte de pouvoir sur eux ?

Hier, je n'ai eu aucune vision. Les sensations dans mon corps m'ont-elles coupée du lien avec le plan spirituel m'obligeant ainsi à habiter pleinement mon véhicule physique ? Si c'est le cas, dans quel but ? Me faire prendre conscience de l'état des lieux en me ramenant ainsi pleinement à l'expérience de l'incarnation ? Je sais déjà que je questionnerai l'*uwishin* à ce sujet et je me permettrai aussi de lui dire à quel point c'était désagréable et sérieusement plus flippant que les visions. Je regarde mes avant-bras, je les ai grattés jusqu'au sang.

Mon regard glisse ensuite sur la peau d'anaconda posée sur le muret du patio. La maison commence à s'animer et Ramon fait partie des premiers levés. Il vient s'asseoir en face de moi, silencieux. Je le sens encore un peu endormi. Je lui laisse donc le temps d'émerger malgré mon impatiente curiosité. Il ne parle pas et me regarde à peine puis il se penche légèrement en avant et s'adresse à moi comme s'il voulait me faire des confidences. Il s'exprime en espagnol sans doute convaincu que je comprendrai ses paroles. Il a raison, je comprends absolument tout ce qu'il me dit.

— Hier à la cascade, mon ami Abelardo a appelé

les Esprits shuars pour qu'ils descendent vers nous et surtout vers toi qui en avais besoin. C'est pour ça qu'il fallait que tu ailles sous la cascade et que tu y restes, pour que les Esprits pénètrent en toi. Au début, tu as résisté et puis quand tu as lâché, ils sont venus en toi pour y déposer l'énergie spirituelle shuar qui va t'aider à guérir et qui va te ramener à la vie. Maintenant que leur énergie est en toi, elle ne te quittera plus, quoi que tu fasses. L'énergie spirituelle shuar fait maintenant partie de toi.

– *Gracias a los espíritus*, dis-je alors.

– Si si, poursuit Ramon en hochant la tête. *Gracias a los espíritus*.

Son expression devient alors plus sombre qu'elle ne l'était précédemment et il baisse les yeux vers le sol. Cherche-t-il ses mots afin de s'assurer que je vais bien le comprendre ?

– Et puis il y a eu ton soin hier soir.

Le chamane se tait et son silence me paraît si long. Il me regarde à nouveau :

– Ton cas me préoccupe beaucoup. Tu as une maladie physique, nous en avons déjà parlé. Ta maladie touche toutes les parties de ton corps et surtout ta tête, ton dos, tes intestins et ton estomac. Je ne suis pas inquiet pour ta tête, ton dos et tes intestins. Ça se réglera facilement. Mais pour ton estomac… Ça me préoccupe beaucoup, vraiment beaucoup.

J'ose alors lui poser la question à laquelle je pense depuis plusieurs mois maintenant :

– Est-ce que j'ai un cancer ?

– Non non, me répond-il de suite, ce n'est pas le cancer.

– Mais alors... qu'est-ce que c'est ?

– Je ne connais pas le nom de cette maladie, mais tout ton corps est enflammé. Tu comprends ce que cela veut dire ? L'inflammation est partout en toi, un feu te ronge de l'intérieur, il brûle tout en toi, il détruit tout. C'est pour ton estomac que je me préoccupe le plus.

Nouvelle pose, nouveau silence et l'*uwishin* reprend :

– Il y a quelque chose de plus grave encore.

Je ressens des tremblements intérieurs, je crains son verdict.

– Tu as aussi une problématique spirituelle et ça, c'est le plus grave et le plus difficile à guérir.

Je me tais, j'accuse le coup. J'attends les explications de Ramon.

– Tu es née avec cette problématique spirituelle et elle s'exprime en touchant ton estomac. Ta tête, ton dos et tes intestins, ce n'est pas grave parce qu'eux ils ont été touchés par un choc émotionnel dans cette vie. Ce sera donc facile de les guérir.

Être née avec une problématique d'ordre spirituel, est-ce ce que nous appelons le karma ? Cette problématique serait donc en lien avec mon bagage karmique ? Je n'aborde pas le terme avec le chamane. Ce qui m'intéresse, c'est comment guérir. Je lui demande alors :

– Et pour mon estomac, pour cette problématique spirituelle, que dois-je faire pour guérir ?

– Accepte, me répond-il puis il se rassied normalement et appuie son dos contre le dossier du fauteuil blanc en plastique.

Je ne suis pas certaine de comprendre.

– Accepter quoi ?

– Accepte tout, me dit alors l'*uwishin*. Accepte le mal comme tu acceptes le bien. Accepte ce qui est. Accepte que chacun en soi là où il en est. Accepte que la Terre Mère doive, elle aussi, vivre cette expérience et en passer par là.

Les paroles du chamane heurtent ma sensibilité et je sens un début de révolte en moi :

– La *Pachamama* doit accepter d'être ainsi mal traitée ?

– La *Pachamama* accepte ce qui est. Elle ne se pose même pas la question de savoir si ce qu'elle vit est juste ou non. Pourquoi crains-tu pour elle ? Pourquoi es-tu choquée qu'on lui manque à ce point de respect ? Ne lui fais-tu pas confiance ? Ne crois-tu pas en sa capacité à nous remettre à notre place si nous allons trop loin ?

– Mais nous allons trop loin !

La phrase m'a échappé et Ramon voit parfaitement à quel point je suis outrée.

– C'est toi qui dis que nous allons trop loin. La Mère nous remet à notre place à chaque fois que nous approchons du déséquilibre.

– Et tu ne crois pas toi, Ramon, que le déséquilibre est déjà atteint ?

– Non, me répond-il. L'équilibre est quelque chose de fragile qui n'est jamais acquis. La Mère sent cela et lorsque le déséquilibre est atteint, elle remet tout en place. Les orages, les tsunamis, les tremblements de terre tout ça, c'est la Mère qui rétablit l'équilibre.

– Mais elle ne punit pas les fautifs ! Ce sont souvent des innocents qui paient pour les autres, pour ceux qui sont responsables. C'est injuste.

– Tu crois ? me demande-t-il alors. Nous sommes tous responsables. La Mère ne juge pas et ne met pas les bons d'un côté et les mauvais de l'autre. As-tu déjà vécu un tremblement de terre ou un ouragan ?

– Non. J'ai toujours eu la chance d'échapper à ça.

– Ce n'est pas de la chance, poursuit le chamane. Mais comme tu l'as dit, tu n'as pas à vivre ça. D'autres ont à vivre ça, mais pas toi.

– Mais pourquoi eux ?

– Parce que ça fait partie de leur expérience comme ta maladie fait partie de ton expérience. Tu sais quel est ton problème principal dans cette vie ? me demande-t-il alors en se penchant à nouveau vers l'avant et vers moi.

– Non, dis-moi.

Je suis bien curieuse d'entendre sa réponse.

– Tu penses trop aux autres et tu te soucies trop d'eux. Laisse-les vivre leurs expériences et contente-toi de vivre les tiennes.

– Ce n'est pas égoïste de ne s'occuper que de soi ?

Ramon se met doucement à rire :

– Si. C'est égoïste de ne s'occuper que de soi, mais vu que toi tu es surtout occupée par les autres, tu peux bien devenir égoïste. Ça te fera du bien et tu te rapprocheras un peu plus de l'équilibre que tu cherches tant. Tu sais, la Maria, si tu ne prends pas soin de toi, personne ne le fera à ta place.

Je souris moi aussi. Ramon a tellement raison et son discours rejoint pleinement le mien, mais combien ce discours est-il décrié en Occident où on nous apprend justement à nous oublier et à nous sacrifier pour l'autre. Réminiscence de la religion chrétienne profondément ancrée dans notre inconscient collectif ?

– Allez viens, me dit le chamane en se levant. Aujourd'hui, je te masse.

Nous entrons dans la maison et je le suis jusqu'au salon. Ramon me fait m'allonger sur le canapé, face contre les coussins. Ce matin, je porte un bermuda léger en toile et un top sans manches. Inutile de me déshabiller, mon corps est suffisamment accessible. La position que je viens de prendre me fait beaucoup tousser et l'*uwishin* commence à me masser tout le dos. Il démarre aux lombaires, remonte le long de la colonne vertébrale, insiste vers les cervicales et le bulbe rachidien avant de redescendre et de masser mes hanches. J'ai super mal partout où il passe ses mains et je le manifeste par des aïe et autres grognements de douleur. Les jeunes enfants jouent dans la pièce et courent autour du canapé en se penchant régulièrement au-dessus du dossier pour regarder, en souriant, ce qui me fait à ce point gémir et crier. J'ai si mal que j'aimerais que le monde cesse de vivre autour de moi et que les enfants cessent de rire et de s'amuser. Je sens une forte colère qui monte en moi et c'est le moment que choisit Ramon pour appuyer son index juste sous mon omoplate gauche. Je hurle de douleur et sans doute satisfait d'avoir mis le doigt pile là où cela fait mal, le chamane l'enfonce encore plus dans le blocage en me disant de sa voix calme et douce, la même qu'il avait utilisée hier à la cascade :

– Lâche, Maria, lâche.

Alejo, Dalma et Paulino se sont arrêtés de courir et ils me regardent par dessus le dossier du canapé, leurs visages empreints d'un mélange de gravité et de curiosité. La douleur est à son paroxysme, ma respiration est coupée, je commence à suffoquer et l'*uwishin* continue à me maintenir face presque contre terre par la seule force de son index. Il continue de me dire, d'un ton égal :

– Lâche, Maria, lâche.

J'ai envie de hurler encore plus fort, j'ai envie de tout casser, de tout détruire, de tout pulvériser pour que cesse la douleur, mais je reste focalisée sur la maîtrise de la puissante émotion et je résiste, encore et encore.

– Lâche, Maria, lâche.

Ramon répète inlassablement les mêmes mots. J'aimerais arriver à faire ce qu'il me demande comme je l'ai fait hier à la cascade, mais comment ai-je donc fait ? Comment ai-je réussi à lâcher et à me libérer ? Je suis en train de me dire que c'est complètement idiot de ne pas avoir noté le mode d'emploi. Voilà que ma vue se brouille, je me sens prise d'un vertige, aspirée vers le fond. Tout devient noir, je n'ai plus d'air dans mes poumons, je me sens impuissante, entravée, privée de mouvements, privée de vie. Alors que mon super mental est toujours occupé à contenir l'expression de la colère, quelque chose dans mon corps, dans mes cellules, lâche prise, soudainement. Instantanément, tout le reste lâche, plus de contrôle du mental, plus d'émotion de colère, plus de douleur dans le corps. Je suis à nouveau libre, libérée, calme et sereine. Les enfants reprennent leurs jeux, rient et crient et cela n'a plus le moindre impact sur moi. Ramon a déjà retiré son doigt de mon dos et est parti à la cuisine. Je l'entends farfouiller des ustensiles tandis que je m'assieds en douceur savourant ce moment béni. Les enfants s'arrêtent et se placent debout, face à moi, à une certaine distance. Ils me regardent encore. Ils sont maintenant calmes et silencieux, je leur souris et je les fixe comme ils me fixent, comme si nous étions en train de nous découvrir les uns les autres. Puis le chamane sort de la cuisine et me tend un petit gobelet en plastique empli d'un liquide orange et fumant.

– Curcuma ? lui demandé-je.

Je reconnais la couleur et l'odeur de la plante.

– *Si si*, répond-il. C'est un antibiotique naturel. C'est pour ta toux, il faut l'arrêter, car elle te fatigue beaucoup.

Je bois et je trouve le remède excellent. Je crois qu'il y a aussi du citron dedans.

Ramon me reconduit ensuite à Dormición et une fois à la casa, il me dit que Teo viendra demain pour me masser les jambes.

– Je ne pouvais pas te masser les jambes aujourd'hui. Il faut y aller doucement, pas à pas. Tu as besoin de temps.

Il me quitte ensuite et tandis que j'entends le pick-up s'éloigner, je m'installe dans le hamac pour une courte sieste. Je m'endors instantanément.

Trois heures plus tard, je me réveille fraîche comme une rose qui éclot au printemps. Je n'ai encore rien mangé de la journée et je n'ai toujours pas faim. Je vais me doucher, lave mes cheveux et brosse mes dents. Je me dis qu'au final, il est quand même bien pratique leur bloc sanitaire, mais franchement, ils auraient pu y installer l'eau chaude tant qu'à faire. Je me marre toute seule.

Je me rends ensuite sous l'abri avec mon carnet de voyage pour y noter mes dernières réflexions. J'ai observé qu'ici, la population locale semble consulter le chamane aussitôt qu'un problème apparaît et quel que soit ce problème : un mal de ventre, les dents du bébé qui poussent et l'empêchent de dormir (ou alors c'est sa mère que cela empêche de dormir), une cheville tordue, une jeune femme qui ne donne pas de petits-enfants à sa belle-mère (on dirait bien que les mères shuars se mêlent autant de la vie privée de leurs fils que le font les mères occidentales), un pêcheur qui n'attrape plus le moindre poisson, un mal de tête persistant et que sais-je encore. Consulte-t-on aussi souvent le médecin chez nous, en Occident ? Quel est l'intérêt de consulter au moindre bobo ? Et si le bobo n'était en fait que la manifestation finale d'une problématique dont l'origine serait uniquement – ou en tout cas majoritairement – d'ordre psychoémotionnel ?

Lorsque des personnes viennent me consulter en France, celles-ci attendent que se manifeste un quelconque pouvoir magique qui va effacer tout malaise ou mal-être et peu d'entre elles acceptent de se remettre en question dans leur façon de penser et leur vision du monde. Et pourtant, si la personne qui consulte retourne chez elle après le soin et reprend sa vie exactement là où elle l'a laissée sans apporter le moindre changement dans ses comportements, sans avoir eu la moindre prise de conscience, comment serait-il possible que, comme par magie, tout se résolve instantanément ? Je me souviens du cas d'une femme qui venait me voir, car elle en avait assez d'attirer à elle le même type d'hommes. Cette femme avait soixante-deux ans et donc une assez longue expérience derrière elle. Elle avait été mariée et son mari était décédé assez tôt. Elle avait un fils et des petits-enfants. Elle avait eu plusieurs relations amoureuses après son veuvage. Elle rencontrait et vivait systématiquement des relations avec des hommes de son âge, libres – veufs ou divorcés – et très à l'aise financièrement. Jusque-là, on se dit que c'est plutôt top, non ? Mais voilà, ces hommes considéraient la femme – et plus précisément leur compagne – comme une servante qui devait toujours être à leur disposition : tenir la maison de monsieur, car bien évidemment madame n'a pas le droit d'avoir son chez elle, ne pas avoir de vie sociale en l'absence de monsieur et donc ne plus être en contact avec son propre fils, être disponible aussi souvent que monsieur a des désirs sexuels et tout accepter dans ce domaine, être toujours belle, présentable et silencieuse lorsque monsieur a besoin de sortir pour affaires et occasionnellement, rendre des services d'ordre intime aux amis de monsieur en manque de tendresse et d'affection. Bien entendu, madame ne manque de rien puisqu'elle est logée, vêtue et nourrie, mais elle n'a pas le droit d'avoir son propre compte en banque ni de s'acheter ce qu'il lui fait plaisir sans l'assentiment de monsieur. Et bien entendu, c'est un réel défi que de mettre fin à une telle relation et cela ne se passe jamais dans la douceur et la rapidité. Une fois cette liste mise à jour, on se rend compte que c'est tout de suite moins sympa à vivre au quotidien sauf pour celles qui, éventuellement, apprécient d'être considérées comme un vulgaire objet. Au cours d'une première consultation qui avait duré une heure, nous avions mis à jour la raison pour laquelle cette femme allait toujours vers ce type d'hommes. Quels comportements inconscients elle mettait en place pour les attirer comme le ferait un aimant et comment elle pourrait agir en toute conscience pour rencontrer le compagnon qu'elle souhaitait rencontrer. Elle venait d'ailleurs d'entamer une toute nouvelle relation et comme à chaque fois, elle se disait que tout était beau, que tout était rose et que lui, il était différent des autres. Mais voilà, elle choisissait aussi de faire preuve de discernement en acceptant de se lancer dans l'aventure avec lui tout en gardant quelques sécurités, au cas où. Elle conserverait son appartement, son compte en banque, le lien avec son fils et ses petits-enfants, elle resterait en relation avec ses amies et elle annoncerait d'emblée ses conditions à son nouveau compagnon. Elle semblait déterminée, je l'avais encouragée, mais j'avais noté tout de même qu'elle avait rencontré cet homme avant qu'elle n'ait pu mettre à jour son propre mode de fonctionnement inconscient. Qui vivra verra. Je n'avais plus eu de ses nouvelles pendant deux ans. Puis un jour, mon portable avait sonné. J'avais décroché et entendu :

– Bonjour, c'est Josie. Je voudrais prendre un rendez-vous avec vous. Vous vous souvenez de moi ? Nous nous sommes rencontrées il y a deux ans au sujet de mes relations amoureuses.

Je me souvenais parfaitement d'elle – je me souviens toujours parfaitement de tout le monde – et me réjouissais d'avoir de ses nouvelles.

– Bonjour, Josie, bien sûr que je me souviens de vous. Vous allez bien ?

– Non, pas trop. C'est pour ça que je voudrais vous voir.

Nous avions convenu d'un rendez-vous assez rapide et le jour J, j'avais trouvé Josie dans la salle d'attente avec une mine épouvantable. Je me souvenais d'une belle femme soignée et au teint frais et voilà que je rencontrais une femme à la mine grise et triste, sur le point de s'effondrer. Aussitôt la porte du cabinet de soins fermée, Josie s'était écroulée dans mes bras, en larmes. Je l'avais laissé vider ses émotions et je l'avais ensuite accompagnée vers le fauteuil. Une fois assise, les paroles sont sorties sans discontinuer. Je n'avais pas besoin de poser la moindre question, Josie déballait tout :

– J'ai fait bien attention au début, Marie, avait-elle commencé. Je me suis souvenue de tout ce dont nous avions parlé, mais voilà, il a tellement insisté et il était tellement gentil, il semblait tellement amoureux. Je suis allé vivre chez lui et j'ai d'abord laissé mon appartement vide, mais il m'a dit que c'était bête de le laisser comme cela, sans entretien, et il m'a proposé de le louer. Je me disais qu'il avait raison alors j'ai mis mon appartement en location. Mais après seulement quatre à cinq mois, il m'a dit que la location, c'était trop problématique et que puisque cela allait bien entre nous, je pouvais vendre mon appartement. Je me disais qu'il avait encore raison alors j'ai vendu mon appartement. C'est lui qui a trouvé l'acheteur et tout s'est fait très rapidement sans que je m'occupe de quoi que ce soit. Il m'a emmenée chez son notaire et j'ai signé la vente sans même lire l'acte. Je lui faisais confiance vous comprenez ? Mais voilà, quelques jours plus tard, j'ai reçu mon relevé de compte de la banque et j'ai vu que l'argent de la vente n'avait pas été viré. J'ai appelé le notaire pour en savoir plus et il m'a répondu en personne que j'avais moi-même signé pour que la somme soit virée sur le compte de mon compagnon. Quand il est rentré de son travail ce soir-là, je lui en ai parlé et il m'a dit qu'il tenait mes comptes pour moi et que si j'avais besoin du moindre sou, je n'avais qu'à lui demander, qu'il me le donnerait. Puis comme il était fatigué, il m'a dit que nous en reparlerions plus tard et bien entendu, vous vous en doutez, nous n'en avons jamais reparlé. À chaque fois que j'abordais le sujet, il parlait d'autre chose et puis petit à petit, il a commencé à se mettre en colère. J'en ai parlé à mon fils qui a alors pris contact avec mon compagnon et ils se sont disputés. Suite à cela, il m'a interdit de revoir mon fils, car, disait-il, celui-ci était jaloux de notre relation et refusait que sa mère soit heureuse.

Josie avait poussé un profond soupir.

– Je n'ai plus rien, Marie, plus rien du tout. Mon compte en banque est vide, je suis fâchée avec mon fils, je ne vois plus mes petits-enfants, je n'ai plus d'amies... Je n'ai même plus le droit de peindre.

Elle avait à nouveau fondu en larmes. Je lui avais laissé un peu de temps puis, avec douceur et compassion, je lui avais demandé :

– Et maintenant, Josie, qu'allez-vous faire ?

– Je voudrais partir, mais je n'en ai pas la force et puis pour aller où, avec quel argent ?

– Vous avez pu me contacter, n'est-ce pas ? Avez-vous tenté de contacter votre fils ou l'une de vos amies ?

– Mon fils ne veut plus me parler. Il m'a dit au téléphone que s'il m'aidait encore, dans quelques mois, j'allais recommencer, que j'allais encore rencontrer un homme comme celui-là et que nous finirions encore par nous disputer lui et moi.

– Et vous, Josie, qu'en pensez-vous ? Pensez-vous que vous puissiez faire autrement ? Pensez-vous que vous êtes capable de prendre soin de vous sans vous mettre sous la coupe d'un homme aussi irrespectueux de votre personne ?

Long silence. Je laissais à Josie le temps de peser le pour et le contre, d'aller explorer ses profondeurs pour y trouver la réponse à cette question. Calme et les yeux secs, elle avait relevé la tête et m'avait regardée :

– Marie, je crois que j'en suis capable. Je crois que je peux arriver à changer ma vie, mais je crois aussi que je n'ai pas envie de le faire. J'ai plus de soixante ans et je me rends compte que je préfère être traitée comme il me traite. Au fond, j'ai toujours connu ça et je ne manque de rien. Je n'ai pas à me prendre en charge, il s'occupe de tout.

– Certes, lui avais-je dit. Mais ne croyez-vous pas qu'il existe quelque part un homme qui s'occuperait de tout pour vous et qui aurait aussi de la considération et du respect ? Un homme qui vous laisserait exprimer votre créativité à travers votre peinture.

– Vous avez raison Marie, je crois que ce genre d'homme existe, mais pour en rencontrer un, je vais devoir d'abord quitter celui-ci, me prendre en charge, faire un long travail sur moi et pendant tout ce temps, je serai seule, sans compagnon et ça, je ne peux pas le concevoir. Je ne veux pas être seule, Marie, je préfère être mal accompagnée.

Le choix de Josie était un choix fait en pleine conscience. Ce choix ne se jugeait pas, ne se condamnait pas, il n'était ni bon ni mauvais, il était ce que Josie décidait d'expérimenter. La consultation s'était terminée par un soin au cours duquel j'avais retiré les blocages encore présents et rechargé ma consultante de lumière et d'amour. Josie avait quitté le cabinet apaisée et nous savions toutes deux que nous ne nous reverrions plus.

Tout choc – qu'il soit psychique, émotionnel ou physique – dépose en nous une graine et nous choisissons – la plupart du temps inconsciemment – de nourrir cette graine… ou pas. Moi aussi, j'en ai fait l'expérience lorsque la maladie de Crohn a fait son apparition dans ma vie. J'ai choisi, en conscience, de ne pas m'occuper d'elle, de ne pas écouter ce qu'elle avait à me dire et je me suis obstinée à poursuivre dans la voie que j'avais choisie, une voie faite de frustrations, d'insatisfactions, de peurs et de colères refoulées. Je me suis si bien obstinée – et je vous rappelle que je l'ai fait en toute conscience – que la maladie de Crohn était alors passée un cran au-dessus et s'était fait épauler par la spondylarthrite. Là, j'ai bien été obligée de m'arrêter et d'écouter ce qu'il se passait. L'étape suivante a été d'entendre et de tenir compte du message. Et voilà qu'à mon tour, comme cela avait été le cas pour Josie, je me trouvais devant un choix, LE choix. Ma relation avec Ludovic ne me convient plus depuis longtemps et j'ai maintes fois reculé l'échéance de le quitter. Je n'ai plus aucune possession matérielle, j'ai vendu jusqu'à ma voiture pour payer ce voyage, je n'ai plus de travail et par conséquent plus aucune rentrée d'argent pour subvenir à mes besoins dans le futur. Je n'ai plus rien. Plus rien, vraiment ? Je souris en pensant au bien le plus précieux que je possède encore : la vie ! Oui, je suis en vie, en piteux état peut-être, mais en vie tout de même et tant qu'il y a de la vie, même un soupçon, tout est possible. Cela sera-t-il facile ? Oui, si je choisis que cela le soit. Il y aura certes quelques obstacles liés à la matière, au fonctionnement de la société dans laquelle je vis, mais ces obstacles sont-ils insurmontables ? Non, absolument pas. Je sais que tout est possible pour qui s'en donne les moyens. Ce sont encore et toujours les peurs qui nous ralentissent ou nous figent. J'ai eu beau freiner pendant des années, je n'ai fait que remettre à plus tard ce qui était inéluctable, ce qui devait arriver. Mon Cœur m'a bel et bien amenée exactement là où je devais aller, là où je devais être.

– Ici et maintenant, je fais le choix de suivre mes pieds. Ils sont reliés directement à mon Cœur et je refuse de laisser mon mental et mes émotions interférer.

En disant ces paroles, ma main gauche se lève automatiquement et mon index se pose sur ma narine, pile à l'endroit où se trouve mon piercing. Ciel, mon piercing ! Mais où est-il donc ? Je m'apaise aussitôt en me souvenant que je l'avais retiré en arrivant en forêt afin de le mettre en sécurité et d'éviter de le perdre. C'est que mon piercing, voyez-vous, je l'ai relié à un événement bien particulier de ma vie et je l'ai chargé d'une telle énergie ! Une énergie chère à mon Cœur, bien évidemment ! Et puis, je l'ai depuis dix ans et le perdre signifierait laisser aller cette part si importante de mon passé. Je me lève et me précipite vers mon portefeuille dans lequel j'avais déposé le fameux objet. Mince, il a bel et bien disparu ! Mon piercing ! Non… Impossible… Et voilà Marie, tu viens de faire le choix de suivre tes pieds, d'avancer, de laisser le passé là où il est et tu t'offres, ici et maintenant, le luxe d'expérimenter et d'acter en conscience le choix que tu viens de faire. Alors ma Belle... Même pas peur ? Même pas mal ?

Contrariée – parce que oui, je veux bien suivre mes pieds et laisser le passé là où il est, mais pas ce passé-là parce que ce passé-là ce n'est pas le même que les autres passés – je cherche frénétiquement sur le site et pendant presque deux heures mon piercing dont je sais pertinemment que je n'en reverrai plus la couleur. Je suis désemparée. Des larmes d'impuissance, de colère puis de rage coulent sur mes joues. Je n'étais pas attachée à cet objet, j'étais attachée à ce qu'il représentait pour moi, à tous les souvenirs dont je l'avais chargé et investi. Je lui avais donné du pouvoir, du pouvoir sur moi. Me voilà maintenant bien obligée d'admettre que le moment est venu de laisser aller ce passé. En plus... j'en ai fait le choix conscient. Juste maintenant, à l'instant. Je peux changer d'avis, je peux choisir de rester attachée à mes souvenirs et je peux me morfondre encore et encore. Je peux nourrir la colère et la tristesse, la frustration et l'insatisfaction, mais cela est-il confortable pour moi ? Est-ce vraiment ce que je veux ? Est-ce agréable pour moi de vivre encore en portant ces lourdes énergies ? La réponse est non, bien entendu. J'ai expérimenté à quel point le lâcher-prise était si confortable, si agréable alors... Le choix est-il facile... ou pas ?

Je ramasse une grande feuille de bananier, quelques petites brindilles et d'autres végétaux et j'en fais un paquet que je charge des souvenirs associés à mon piercing. Au bord du Rio, je prends le temps de faire mon deuil, de dire au revoir et surtout, de remercier. Je laisse aller le symbole végétal dans l'eau tumultueuse en acceptant que mes souvenirs suivent leur propre chemin, un chemin qui n'est plus le mien. J'accepte que nous soyons dorénavant séparés. Je reconnais que cela me fait encore un peu mal, mais qu'au-delà de la douleur, je ressens déjà le soulagement de l'acceptation de ce qui est. Les feuilles et les branchages hésitent, mettent un certain temps à se laisser porter par le courant. Pire encore, ils reviennent vers moi et je les repousse aussi souvent que nécessaire. Une partie de moi résiste, fidèle peut-être à un ancien comportement, à une personnalité à laquelle je m'étais identifiée. Je laisse le temps au temps, car je sais que mon paquet partira lorsque je serai totalement prête. Soudainement, quelque chose lâche en moi, je le sens dans mon corps et je vois mes souvenirs qui s'éloignent.

À nouveau sereine et satisfaite, je sais pourtant qu'une fois de retour en France, mon ancienne identité sera tentée d'aller acheter un nouveau piercing. Mon meilleur ennemi le mental recommence à négocier : «Ce ne sera absolument pas pour remplacer le précédent. Ce sera pour célébrer ta victoire, le deuil que tu as réussi à faire aujourd'hui. Tu n'as qu'à charger le nouveau piercing de cette intention.»

— Oui, me réponds-je à moi-même. Et je peux aussi choisir de ne plus porter de piercing.

Je me souviens à quel point ce piercing avait été, dès le début, source d'infections diverses et de douleurs insoutenables. Déjà à l'époque, mon corps me disait non. Déjà à l'époque, je m'étais obstinée à ne pas écouter, à ne pas entendre.

Laisser le temps s'écouler comme s'écoule l'eau du Rio.

Second week-end

Après avoir passé mon premier week-end à Guarida, je passe le second à Dormición. Avant même de quitter la France, je désirais aller en forêt et j'ignorais encore que cela se réaliserait. Cela fait cinq jours déjà que Ramon me fait prendre diverses potions, j'ai eu droit à la cascade et à un massage. Quel bilan puis-je tirer de cette première semaine ? Comment est-ce que je me sens ? Si je reste en surface, je dirais que je vais bien, mais rester en surface, chez moi, cela ne dure pas trop longtemps. Je constate donc que je dors assez bien lorsque je suis seule à Dormición, je ne ressens aucune insécurité par rapport aux Indiens du village ou par rapport aux animaux sauvages de toutes sortes qui se baladent la nuit autour de moi et de mon lit. En ce qui concerne mon ventre, je dirais que mes intestins me font toujours l'effet d'être en bouillie avec la sensation que quelqu'un passe son temps à les frotter de l'intérieur avec de la toile émeri alors que je ne ressens absolument aucune douleur à l'estomac. Alors que Ramon me dit que mon problème principal se situe à ce niveau – et je veux bien le croire – pourquoi est-ce que je n'y ressens aucune douleur ? Ma toux est toujours présente, elle n'a pas mûri, mais semble toutefois devenir moins fréquente. Je me sens dans un certain inconfort physique, rien de différent avec ce que je vis depuis des années. Par contre, depuis que je suis ici, je prends le temps de m'y attarder, d'être à l'écoute de toutes ces douleurs et je me dis que franchement, c'est usant. Comment puis-je donc accepter de rester comme cela ? Comment puis-je donc me contenter de cette sorte de survie approximative ? J'ai la sensation de subir cela depuis toujours : accepter ce qui est sans discuter, et pourtant. Je me rends compte que tant que je subis, je me soumets, mais la soumission n'est pas l'acceptation. L'état de ce qui se passe dans mon ventre est révélateur : je ne digère pas les aliments, les situations, les gens. Bref c'est cette vie, c'est LA vie que je ne digère pas, cette incarnation, cette forme matérialisée dans laquelle je me sens enfermée et dans laquelle j'étouffe. Tout est si petit ici. Même le langage pour décrire ce que je vis et ressens intérieurement. Il est si limité, si étriqué. Et pourtant, je sais pertinemment que si la forme change, l'essence reste identique. L'image du sablier se dessine dans mon cerveau. Sur le dessus, le sable a de la place puis il passe par un goulot, un canal étroit, avant de retrouver exactement au-dessous le même espace qu'il avait au-dessus. Même lorsque le sable passe par le goulot étroit, il reste toujours du sable. Ses grains, sa couleur, son essence sont identiques, seule son apparence extérieure change, pendant un court instant.

D'un point de vue psychique, j'observe que j'ai moins de pensées et que je suis plus encline à vivre l'instant présent et à accepter ce qui est. Mon estomac aurait-il besoin de plus de temps ou les résistances sont-elles encore plus profondément enfouies dans mon subconscient ? Si l'*uwishin* parle d'une problématique d'ordre spirituel alors c'est qu'il s'agit bien de ce qui est relié à mon Âme, c'est bien ce que nous nommons le bagage karmique. OK. Maintenant que je sais cela, la question est : comment on le nettoie, comment on le purifie, ce bagage karmique ? J'ai déjà tant expérimenté de techniques, que puis-je faire de plus ? Je me rends compte qu'en effet, tout ce que nous faisons en conscience est utile, mais que nous cheminons par étapes, un pas après l'autre. Tout n'est jamais définitivement réglé. C'est une question de temps et de persévérance, cela ne s'arrête jamais, car cela n'a jamais commencé. En plus de vivre plus pleinement l'instant présent, je me rends compte également que je n'ai plus la même notion du temps. Eh oui, c'est magique, plus de passé, plus de futur, juste l'instant. Ces moments sont agréables, mais aussitôt que j'en prends conscience, je sens que tout est fragile et qu'il suffit d'une pensée, une seule, consciente ou inconsciente, pour que je saute à nouveau dans mon passé ou que je me projette dans un futur potentiel.

Et voilà exactement ce que je suis en train de faire. Je me vois, je m'imagine à des célébrations chamaniques auxquelles j'ai été conviée dans divers endroits, je crée par ma pensée mon prochain lieu de vie, je me vois me détendre dans un hamac, au soleil, avec mes chats, je me vois seule ou entourée de personnes souriantes et sympathiques. Je me sens bien, détendue, je suis en train, dans l'instant présent, de construire un futur dont les fondations sont claires, lumineuses et paisibles. Mais quelle puissance peut avoir ces pensées créatives face à l'ombre qui stagne encore dans mes entrailles ? Et si la solution était non pas de créer sur un simple désir de l'Ego, mais d'arriver à se relier avec le désir de l'Âme ? Comment alors conserver ce lien sans laisser la barrière psychoémotionnelle l'occulter encore et encore ? Et voilà qu'une pensée parasite – celle d'une peur de perdre le lien – vient justement d'interférer dans ma pensée créative. En conscience, je reprends donc le cours de ma création, mais voilà qu'une seconde pensée parasite, sans doute attirée par la précédente, fait son apparition. Et Ludovic ? A-t-il une place dans mon futur potentiel ? Voilà bien une réponse que mon mental ne détient pas. J'inspire profondément et laisse ensuite l'expiration se faire naturellement. Toutes les images que mon cerveau était en train de créer disparaissent alors : plus de Ludovic, plus de célébrations chamaniques, plus de lieu de vie, simplement une sensation qu'un changement inéluctable est en train de se produire et toutes les parts qui me constituent ignorent totalement la forme que prendra mon futur. Je le construirai dans l'instant, en fonction de ce qui se présentera à moi. Les détails ne sont pas importants, seule la connexion à mon Âme l'est.

Samedi, début d'après-midi
Ramon arrive en taxi avec sa petite-fille Dalma. Il m'apporte une nouvelle médecine et plusieurs petits gobelets en plastique. Le liquide est verdâtre et son odeur

se rapproche de celle de végétaux dans un état de décomposition avancée avec un semblant de fumet de banane en arrière-plan. Le chamane me fait boire un gobelet devant lui. Je grimace, j'ai un haut-le-cœur, le goût est absolument infect et je fais un très très gros effort pour ne pas vomir illico ce que je viens d'avaler.

– C'est bien, me dit l'*uwishin* en versant de sa mixture une deuxième fois dans le gobelet qu'il me tend à nouveau.

Je ne pose pas de questions, je ne dis pas que je déteste, je bois. Je suis convaincue que si Ramon me faisait avaler du curare ou n'importe quel autre poison, je m'exécuterais de la même façon. Je lui avais dit que j'avais confiance, je le lui prouve. Il m'explique alors qu'il me laisse le flacon de cette médecine et que je dois encore en prendre deux gobelets à seize heures, deux gobelets à dix-huit et puis demain deux gobelets à huit heures et deux à dix. Comment vais-je arriver à avaler encore cette chose ? Le chamane a un air grave et il me dit à nouveau qu'il est vraiment très préoccupé par mon cas et que demain soir, j'aurai droit à une autre médecine. Vais-je expérimenter toute sa pharmacie ? Cette autre médecine serait-elle le datura dont il m'avait parlé par e-mail et qu'il ne mentionne plus depuis ? Ce même datura dont j'ai eu la vision dans ma première expérience avec l'ayahuasca ? Je suis convaincue que la vision m'a donné l'indication de ce que je devais prendre, mais comment le dire à Ramon sans interférer dans sa démarche ?

Toute à ma réflexion, je l'entends m'expliquer que cette sorte de pâte liquide – dont le vert me fait de plus en plus penser à de la fiente d'oie qui aurait fait une orgie d'herbes fraîches et grasses – est à la fois une médecine et un aliment et que c'est ce que l'on donne aux personnes qui sont atteintes de cancers.

– Tu peux cesser de manger si tu veux, ça te nourrira, continue-t-il.

OK. Sauf que Ramon a prononcé LE mot qu'il ne fallait pas : cancer. Je le questionne alors, parfaitement consciente de lui avoir déjà demandé :

– Ma maladie... ce n'est pas un cancer ?

– Non non, ne t'inquiète pas, ce n'est pas un cancer.

– Mais ça te préoccupe beaucoup, n'est-ce pas ? lui dis-je alors.

– Oh oui, je suis beaucoup beaucoup préoccupé. Je me demande même si ce que tu as n'est pas pire qu'un cancer. Le cancer, c'est facile, je peux le soigner, mais ce que tu as... Ça me préoccupe beaucoup, beaucoup.

Bon ben, cela m'apprendra à poser la question. Ma maladie plus grave qu'un cancer ? Mais qu'est-ce donc ? Et Ramon qui me dit de ne pas m'inquiéter. Je me demande si je n'aurais pas mieux fait de développer un cancer pour le coup. J'ai beau avoir l'intime conviction que je vais m'en sortir, tant que je sens et que je vois l'*uwishin* préoccupé, je me dis que ce n'est pas gagné. Je suis submergée par un flot d'émotions et je nage à nouveau en eaux troubles. Ramon et Dalma s'éclipsent et je ne les salue même pas. Et maintenant, je fais quoi à part boire cette infection ?

Dimanche matin
J'ai bravement suivi la prescription de Ramon hier et ce matin encore, à peine levée, j'avale mes deux gobelets de médecine. J'arrive à maîtriser les convulsions de mon estomac que je noie en avalant d'énormes quantités d'eau, histoire de faire passer un peu la saveur dégoûtante de la préparation.

– Accepte Maria, accepte, me dis-je à moi-même en imitant la voix et l'intonation du petit chamane.

Déjà hier, je me demandais comment accepter et la nuit ne m'a pas apporté de réponse. J'ai pourtant tellement l'impression d'avoir tout accepté, tout le temps : les joies comme les peines, les avis, les conseils, les jugements, les humeurs, les comportements de mon entourage qu'il soit privé ou professionnel. Mais qu'ai-je accepté de moi ? Quelle image ai-je de moi-même ? Ne suis-je pas sans cesse en train de me juger et de me condamner toute seule ? Trop exigeante, trop intransigeante, trop perfectionniste, trop laxiste, trop grosse, trop petite, trop moche, trop bête, trop, trop, trop…

– STOP !

Je viens de crier. J'ai en assez des pensées qui se bousculent dans ma tête, j'ai la nostalgie des moments où je vivais l'instant présent. La nostalgie, voilà encore de quoi m'éloigner de l'ici et maintenant et qui me renvoie inéluctablement dans une partie de mon passé. L'image d'un être cher, disparu il y a plus de dix ans, revient à ma mémoire. Nous partagions lui et moi une relation exceptionnelle que beaucoup d'humains nous enviaient. Seul Ludovic, qui était encore mon mari à cette époque, était jaloux de cette relation, car il en était exclu. Ai-je accepté la perte de cet être ? Ai-je réellement fait le deuil de son absence physique ? Depuis tout ce temps, je suis capable de penser à lui sans pleurer et je reconnais que j'y pense plutôt rarement. Son départ avait provoqué en moi une remise en question totale et j'avais alors pris conscience que je me perdais encore même si je n'en donnais pas l'impression. C'est suite à son décès que j'avais tout quitté la première fois, mon travail, ma maison, mon mari, et que j'étais partie m'installer en Dordogne. J'avais matériellement tout, je ne manquais de rien sauf de l'essentiel : quel sens donnais-je à ma vie ?

Pendant toutes ces années, j'ai perdu bon nombre d'êtres chers comme c'est le cas pour nous tous, il me semble. À chaque départ, un choc, une remise en question, un déclencheur qui nous permet de grandir et d'évoluer. Est-il donc toujours nécessaire de souffrir pour se transformer ? Cela ne peut-il se faire dans la douceur et la paix ? Les psys appellent cela la résilience. Tout ce qui ne nous tue pas nous rend plus forts. Je me dis que pour nous transformer, nous avons besoin de renoncer à quelque chose, à quelqu'un, à un état peut-être comme si nous avions à sacrifier ce à quoi notre Ego s'identifiait. Ce n'est pas le sacrifice qui fait mal, c'est l'attachement. L'attachement à l'identité, à l'illusion, au passé.

Le visage de Ludovic se superpose à celui de mon cher disparu. J'ai beaucoup accepté de mon ex-mari : les injures et le manque de respect venant de sa famille, les distances qu'il me faisait prendre vis-à-vis des rares amies que je fréquentais. Ludovic est jaloux, possessif, il veut me garder pour lui seul, mais bien évidemment, il ne le reconnaîtra jamais. J'ai laissé faire parce que j'avais peur, peur de le perdre, peur qu'il m'abandonne. Je me suis laissée salir, avilir et pire encore, je l'ai laissé imposer sa loi à ceux que j'aimais et qui m'aimaient en retour. Je sais que je lui en veux, mais alors, pourquoi suis-je encore en relation avec lui ? Je ressens en moi le puissant sentiment destructeur de la culpabilité. Je reconnais que je n'ai pas toujours été tendre avec mon compagnon et que je porte ma part de responsabilité dans l'effondrement de notre relation. Tout n'est pas la faute de l'un ou de l'autre, nous ne nous attirons pas par hasard. Toutes ces années ont été nécessaires pour mettre à jour des comportements inconscients de part et d'autre : il se comporte comme un enfant et m'a investi du rôle de mère. Je reconnais que j'ai un potentiel important de protection, mais je ne suis pas mère pour autant. Je me souviens des paroles de Ludovic lorsqu'il m'avait quittée pour une autre :

— Avec toi, j'ai gagné une deuxième maman.

Pourquoi donc suis-je à ce point capable de répondre aux moindres désirs de l'autre ? Comment se fait-il que je sois si capable de tout ressentir chez tout le monde comme le ferait une mère ? Je me rends compte à quel point ce que j'émane, plus encore que mes comportements, construit ma vie matérialisée. L'intention, plus que nos actes, a le pouvoir de créer notre réalité. Que se passe-t-il alors lorsque nous assumons notre intention en reconnaissant nos capacités naturelles et que nos comportements, nos actions sont en accord avec elle ? Il est à la mode aujourd'hui de créer avec sa pensée et de soumettre à cette pensée notre subconscient. Alors que nous nous en défendons, nos comportements sont encore et toujours la résultante de siècles de domination religieuse et misogyne. L'Ego a encore de beaux jours devant lui. Et que dire du mental, de l'hémisphère gauche dominant ?

Comme le font presque toutes les femmes depuis des millénaires, j'ai une tendance à me taire, à subir les demandes – surtout inconscientes – de l'homme afin d'avoir la paix, afin d'éviter la maltraitance et de minimiser les souffrances. Et pourtant, ma souffrance est bel et bien présente, la souffrance de n'oser dire sa vérité, de n'oser être soi. La femme en est encore réduite au simple rôle de mère alors que la femme est bien plus que cela. Si je porte en moi cette tendance à me soumettre, je porte aussi une autre tendance très forte et très puissante, une tendance que l'on me reproche souvent : celle de me rebeller.

J'ai longtemps pensé que j'avais un problème avec les hommes, mais je sens maintenant, intuitivement, que mon problème n'est pas là. C'est bel et bien avec mon Féminin que je suis en conflit. Comment trouver ou retrouver la femme que je suis ? Quel est son mode d'expression privilégié ? Ai-je un archétype principal : Mère, Fascinatrice, Héroïne ou Initiatrice ? La solution pour retrouver la Déesse en moi serait-elle de vivre à chaque instant de mon cycle ces quatre aspects ? Je me sais exigeante et j'ai besoin d'un homme qui soit à ma hauteur, un homme qui puisse m'apporter la sécurité que je peux lui apporter, un homme qui soit à mes côtés et non un homme-enfant qui se laisserait porter. Ludovic n'est pas l'homme qu'il me faut, cela m'apparaît maintenant comme une évidence. Comment donc lâcher prise sur cette identité que j'ai faite mienne pour répondre à ses désirs depuis tant d'années ? Comment couper le cordon avec lui ? Comment couper le cordon avec ma propre mère ? Je sens qu'il y a quelque chose d'essentiel à comprendre dans ma relation avec la Mère, être fille de, être mère de. Que se passe-t-il donc en moi ? J'ai la sensation de tourner autour de la solution sans jamais atteindre le centre et je sais pertinemment que mon mental analytique ne me sera d'aucun secours pour résoudre cette question existentielle. Choisir et poser l'acte qui matérialisera ce choix, la paix se trouve là.

Je me sens toutes ces femmes à la fois, fluctuant au gré de mon cycle menstruel. Pourquoi donc l'humanité tout entière, sexe féminin inclus, réduit-elle la féminité au simple fait d'enfanter ? La femme est certes créatrice par essence, mais sa créativité peut s'exprimer de tant de façons différentes. Il est vrai que j'ai un côté très indépendant et très intellectuel, je sais habituellement ce que je veux et cela faisait dire à Ludovic que j'étais homosexuelle, que j'étais exclusivement masculine. Mais combien d'autres hommes ont-ils du mal à supporter une femme qui peut leur tenir tête, une aventurière, moderne et autosuffisante ? Mais voilà, j'ai aussi ce côté protecteur, sensible, intuitif et instinctif. Cette sensibilité plaît-elle plus aux hommes ? Quelle complexité !

Je calme mon mental hyperactif, sachant parfaitement, comme le disait Albert Einstein, qu'il est impossible de trouver la solution à un problème en utilisant le même mode de pensée que celui qui a créé le problème. Depuis ce matin, mon mental est très présent. Un effet de la médecine que je prends ? Cette fois, plutôt que de lui crier de se taire, je choisis la méthode douce. Je respire lentement, profondément, en conscience, mon regard errant sur les eaux du Rio.

Une vision m'apparaît presque instantanément. Je vois l'intérieur d'un château ou en tout cas d'une demeure importante. Au vu de la décoration, je me dis qu'il doit s'agir du Moyen-Âge ou du tout début de la Renaissance. Il y a une grande pièce dans laquelle se trouvent de nombreux hommes et quelques femmes. Tous et toutes sont vêtus de belles étoffes et portent de lourds bijoux. Il s'agit probablement de personnes de nobles lignées. Il y a également de longues tables sur lesquelles reposent en abondance des mets succulents et du vin. Je vois alors un homme dont l'énergie me rappelle celle de mon compagnon, Ludovic. Cet homme est habillé de façon encore plus luxueuse que les autres et je sais qu'il s'agit d'un roi et que nous sommes dans sa demeure. Je vois une femme aussi, plus âgée que le roi et dont les vêtements sont absolument magnifiques. Elle porte une longue et lourde robe dont la couleur principale est l'or. L'énergie qui émane de cette femme est en contraste flagrant avec la lumière du tissu : elle est sombre, froide, calculatrice et directive. Cette femme est la mère du roi, je ressens fortement son énergie. Très rapidement, comme c'est toujours le cas lors de visions, je comprends tout ce qu'il y a à comprendre. Pas besoin de mots ni d'explications, tout est instantané, clair et limpide. Le roi est un roi fantoche qui se contente de se pavaner dans son royaume tandis que sa mère, la reine, dirige le pays et ses habitants avec dureté et intransigeance. Tandis que son fils s'amuse, elle peut régner à sa place et je sens qu'elle est totalement déterminée à ne céder son pouvoir à quiconque. Le roi prend certes quelques décisions, mais seules celles insufflées et entérinées par sa mère aboutissent. Et puis, je me vois moi. J'ai l'apparence d'un vieil homme et mon rôle est d'être au service de l'état et donc, de la reine. Suis-je alchimiste, astrologue, guérisseur, devin, conseiller ? Un peu de tout cela sans doute. L'atmosphère du lieu est pesante et je me sens las, l'heure de ma mort est proche, je la vois venir. Il est prévu que je sois assassiné par empoisonnement, car mes discours et mes prédictions dérangent le pouvoir dictatorial de la reine mère. Le roi pérore entouré de ses favoris, la reine se tient à l'écart et me regarde fixement. Un de ses hommes de confiance s'approche de moi et me tend une coupe de vin. Ce vin est empoisonné et lorsque je l'aurai bu, je mourrai. Toute fuite est inutile et je préfère qu'on en finisse, je ne me sens plus l'énergie de me battre contre des moulins à vent. À cet instant précis, je comprends que je suis assassiné pour raison d'État, la reine mère n'a aucune animosité personnelle vis-à-vis de moi. Je suis juste un pion qui dérange son avancée. Je m'éloigne vers un coin de la pièce, à l'écart de la foule, suivi par l'homme armé qui me surveille. Je me retire pour boire le vin et mourir discrètement.

Dimanche, début d'après-midi

Ramon arrive en taxi. Il est accompagné de Teo, de ses petits-enfants et de son neveu. Il me salue à peine, entre dans la casa et en ressort aussitôt avec le flacon qui contenait la médecine.

— *Bueno*, me lance-t-il d'un air satisfait.

Puis il remonte dans le taxi qui démarre aussitôt. Teo nous invite tous à le suivre vers le Rio et me demande si je m'y suis déjà baignée. Sa question me surprend et je lui réponds :

— Non ! Surtout pas !

Surpris à son tour, il me demande alors pourquoi je ne me suis jamais jetée à l'eau. Sans douter le moins du monde de ce que je vais affirmer, je lui dis :

— À cause des piranhas. Je n'ai pas envie de me faire bouffer.

Le jeune chamane éclate de rire. Les enfants le regardent et il leur traduit notre échange. Les voilà écroulés de rire à leur tour, Paulino se tapant même les cuisses.

— Mets-toi en maillot et viens donc te baigner, déclare Teo, tu vas comprendre pourquoi il n'y a pas de piranhas.

Les enfants sont déjà à l'eau et Teo les rejoint aussitôt. J'hésite un peu, mais les voyant pénétrer dans le Rio sans sourciller, je me dis que OK, ce n'est pas une blague, il n'y a pas de piranhas. J'ôte alors mon t-shirt et mon bermuda et me retrouve en bikini. Brave et confiante, j'avance à mon tour et là... le choc ! L'eau est littéralement glaciale. J'hésite encore, cette fois à cause de la température, mais Teo me presse de le rejoindre vers un tronc d'arbre tombé depuis un moment. Le Rio est large, mais peu profond, le débit est par contre impressionnant et le jeune *uwishin* veille à ce que les enfants ne s'éloignent pas trop. Ceux-ci jouent, crient, s'éclaboussent, parfaitement indifférents à la température. La tête que je fais semble beaucoup les amuser et ils s'approchent un peu de moi. J'ai la sensation que nous sommes en train de nous apprivoiser mutuellement. Je les laisse venir à leur rythme, nous n'en sommes pas encore à nous toucher physiquement, mais j'ai quand même l'immense honneur de recevoir des gerbes d'eau glacée et mes soubresauts semblent les ravir encore plus. Teo, quant à lui, s'allonge complètement dans l'eau et laisse les remous se fracasser sur son crâne.

Il rit et me dit de faire la même chose. Je lui souris en retour et réponds :

– Même pas en rêve.

Nous restons suffisamment longtemps dans le Rio pour que j'en ressorte complètement gelée et la couleur bleue de ma peau interpelle les enfants. Ils la montrent à Teo et lui demandent pourquoi j'ai changé de couleur. Le jeune chamane fronce les sourcils et me dit alors :

– Tu n'étais peut-être pas si prête. Va chercher une serviette, frotte-toi et mets-toi au soleil, tu as besoin de te réchauffer.

– Non, tu crois ? lui dis-je en ricanant.

Fort heureusement, le soleil tape bien comme il faut et le ciel est dégagé de tout nuage. Teo a également séché les enfants puis il me demande de lui donner vingt dollars.

– Pourquoi veux-tu vingt dollars ?

– Je vais nous faire à manger ce soir et pour ça il faut que les enfants aillent acheter du poulet et des légumes au *pueblo*, me répond-il.

Et c'est moi qui paie pour tout le monde, c'est cela ? Je me dis que c'est peut-être l'usage alors je ne relève pas et je vais chercher l'argent. Je ressors et confie le billet aux enfants qui s'éloignent. Puis, Teo m'invite à le suivre dans la *casa* afin qu'il poursuive le massage que son père avait commencé deux jours plus tôt. Même si je pense comprendre assez bien ce que dit Ramon lorsqu'il m'explique les choses, je reconnais que la communication verbale avec Teo est plus aisée. Entre l'anglais, quelques mots de français et d'espagnol, je peux ouvrir la vanne aux nombreuses questions qui polluent ma petite tête et j'aborde le sujet des médecines que me fait prendre son père. Parce que j'ai besoin d'être rassurée une fois de plus, je lui demande si j'ai un cancer. Il me répond :

– Ta maladie n'est pas un cancer, mais tout ton organisme est enflammé, tes organes sont touchés, ton cerveau, tes articulations, tout. Le traitement pour cette maladie est le même que pour le cancer. Il faut réduire et supprimer cette inflammation.

Je fonds en larmes, à la fois de soulagement et de peur. Teo me regarde avec patience et une certaine tendresse. J'avais donc bien compris les explications de Ramon.

– Pourquoi pleures-tu ? finit-il par me demander.

– J'ai peur de la maladie.

– Pourquoi ?

– Parce que si je suis malade, ça veut dire que je vais mourir.

– Et alors ? Où est le problème ? insiste-t-il.

– Je ne veux pas mourir.

– Tu ne dois pas avoir peur de mourir. La mort fait partie de la vie. Et puis tu as dit que tu étais venue ici pour mourir et pour renaître alors... Où est le problème ? Si tu veux renaître, tu dois d'abord mourir.

Je suis assise au bord du lit. Teo est accroupi devant moi et il pose sa main sur ma cuisse. Il me dit en souriant :

– Tout ça, ton corps, il va vieillir et il va pourrir. Ça, c'est normal. C'est dans le cours des choses. Ce n'est pas ça qui est important. Ce qui est important, c'est ce qu'il y a là !

dit-il en posant son index au milieu de ma poitrine. Il n'y a que ça qui soit éternel. Le reste n'est pas important.

Je pleure encore et essuie mes larmes d'un revers de la main. Le jeune homme l'attrape et l'écarte de mon visage. Il poursuit :

– Laisse tes larmes couler sur la terre. Offre-les à la Mère en reconnaissance de l'expérience que tu vis.

Je me sens libérée et pleure de plus belle. Mes larmes inondent le sol, mes émotions s'écoulent hors de moi, laissant ainsi progressivement place à une certaine forme de paix. C'est donc plus sereine que j'interroge Teo sur mon énergie spirituelle. Son père m'a dit que j'avais aussi un souci de ce côté, qu'est-ce que cela veut dire ? Pourquoi est-ce plus préoccupant que la maladie physique ?

– Lorsque tu es venue sur terre, ton énergie originelle était déjà très basse et tu as continué à l'épuiser par la façon dont tu as choisi de vivre tes expériences. Tu dis que tu as peur de mourir et pourtant tu as tout fait pour tenter de mourir. Tu ne t'es pas respectée et tu as laissé tes relations diriger ta vie à ta place. Parce que tu avais peur de les perdre, tu as voulu leur faire plaisir et tu t'es complètement oubliée. Maintenant, cela va déjà mieux. Tu es avec nous, les Esprits shuars veillent sur toi et prennent soin de toi. Ils te donnent à nouveau le goût de vivre. Cette énergie-là, tu ne peux pas la perdre. Une fois qu'elle est en toi, elle le reste pour toujours. Écoute toujours les Esprits et tu ne te perdras plus jamais. Ta maladie physique va guérir, tu ne dois plus t'inquiéter pour cela.

Il faut que tu manges et que tu arrêtes de te poser tant de questions. Tu dois retrouver la joie et le plaisir. Arrête donc de t'interdire **tout** et vis ! Profite de ce que la vie t'offre !

Teo s'approche de moi et me prend dans ses bras, je me laisse aller. Profite a-t-il dit ? Comme un flash, les paroles de Jacopo, le chamane du Pérou rencontré au Nouvel An, me reviennent : «Vis ce que tu as à vivre. Laisse les hommes te ranimer ton pouvoir, mais ne les laisse pas te le prendre.»

Teo m'embrasse et moi, je l'encourage en passant mes bras autour de son cou. Je n'ai pas le temps de reprendre mon souffle que je me retrouve basculée sur le lit, le jeune chamane ouvrant déjà la fermeture éclair de mon bermuda. Mes mains attrapent les siennes pour stopper leur mouvement et je lui dis, dans un souffle :

– On ne peut pas, il y a les enfants.

Tout sourire et complètement déterminé à ne pas se laisser arrêter plus longtemps, Teo me répond, baissant son pantalon :

– Les enfants ne viendront pas. Je leur ai dit de prendre leur temps au village et de s'acheter des bonbons.

Tout était déjà donc calculé ? Peu m'importe, j'aime faire l'amour, cet homme et moi sommes adultes, consentants et je vis pleinement l'instant présent. Demain est un autre jour, la seconde suivante fait elle-même partie d'un futur dont j'ignore encore l'existence et je ne m'inquiète aucunement des conséquences éventuelles de ce qui est en train de se passer.

Teo est un rapide, un hussard, et il ne s'embarrasse pas du moindre préliminaire. Aussitôt l'acte consommé, alors que je remets un peu d'ordre dans ma tenue et dans mes cheveux, j'entends les voix des enfants qui reviennent avec les courses. Quelle coordination ! Je souris tandis que l'*uwishin* est déjà sorti. La vie n'est-elle pas magique ? Tandis que je m'interroge sur ma féminité, voilà que je rencontre un homme qui va sans doute m'en apprendre un peu plus sur le sujet ou en tout cas qui va m'apporter un autre point de vue. Avais-je inconsciemment senti ce qui allait se passer ou l'ai-je inconsciemment provoqué ? Quelle est la part de prédiction et la part de création ? Les deux sont-ils intrinsèquement liés et est-il possible de déterminer avec exactitude si c'est la prédiction ou la création qui est à l'origine de ce qui est ? Me voici repartie dans des tergiversations mentales qui, je le sais déjà, ne m'apporteront rien d'autre que de nouvelles ruminations. Je quitte donc la chambre et je trouve Teo qui s'affaire dans le coin cuisine tandis que les enfants s'amusent dehors. Je demande à mon nouvel amant s'il a besoin d'aide et il me répond :

– Non non, laisse-moi faire, je vais cuisiner pour nous tous. Tu verras, ce sera bon.

– Je n'en doute pas, lui dis-je en allant m'allonger dans le hamac.

Je me laisse bercer par les mouvements, la chaleur, les cris et les rires des enfants, le bruit des casseroles, le débit du Rio et les stridulations des insectes. Je suis semi-consciente lorsque j'entends une voiture qui s'arrête devant la barrière. Ramon est venu nous rejoindre pour dîner et nous nous installons sous l'abri pour manger en silence. Une fois le repas terminé, le chamane m'annonce qu'il viendra me chercher demain à quinze heures :

– Prends ton maillot, ta serviette et tes bottes en caoutchouc. Demain, nous allons dans la *selva*. Prends ton duvet aussi, pour dormir. Et après notre nuit, nous ferons une autre cascade. Cela te fera du bien.

– Je n'ai pas de duvet, dis-je à l'*uwishin*.

– OK. Ne t'inquiète pas pour le duvet, j'en apporterai un pour toi. Et puis il y aura un homme avec nous, un américain qui vient aussi vivre l'expérience. Et n'oublie pas ton passeport, c'est important.

Sur ces dernières paroles, tout le monde quitte la table et l'enclos, me laissant toute la vaisselle à faire. Et moi qui ai cru une fraction de seconde que j'aurais l'immense privilège d'y échapper. Faut pas trop rêver non plus. Alors que je rassemble les assiettes, les couverts et les plats pour les emmener au bloc sanitaire, ma seule préoccupation est de savoir comment je vais pouvoir me débrouiller pour parler avec un américain. Avec Teo, c'est facile, il parle l'anglais encore moins bien que moi, mais avec un américain dont c'est la langue maternelle... Demain est un autre jour.

La selva

La pluie tombe toutes les nuits, le soleil brille tous les jours. Les températures sont plutôt douces et même plutôt fraîches une fois la nuit installée. Et moi qui pensais que j'aurais trop chaud. Teo m'avait expliqué qu'il n'y avait qu'une saison en Équateur et il m'avait ensuite parlé de son expérience au Canada quand il avait vu la neige pour la première fois et qu'il avait expérimenté des températures inférieures à zéro degré Celsius. Le climat ici semble convenir à mon organisme. J'observe que ma peau est plus souple et plus lumineuse. Mes cheveux, eux aussi, sont moins secs et ternes. Pas d'excès, pas d'extrêmes, l'environnement me sied parfaitement et je repense à Patricia qui m'avait conseillé de tout plaquer en France pour venir m'installer ici. L'idée me traverse et je me dis : pourquoi pas ? J'ai encore du temps avant de prendre une décision.

Je m'installe face au Rio, ma place favorite, et je laisse mes pensées divaguer. L'image de Ludovic apparaît dans mon esprit et je me dis que ce serait sympa de se voir et plus si affinités. Je hausse les épaules. Je suis très forte lorsqu'il s'agit d'imaginer, de rêver éveillée, mais qu'est-ce qui est juste au plus profond de moi ? Pourquoi encore douter et remettre en question les évidences ? Pourquoi tant de résistance face à ce qui est ? Et si je cessais de lutter et que j'apprenais à me laisser porter par la vie, vraiment, en confiance ? Je sais parfaitement que les personnes que nous rencontrons nous renvoient un reflet d'une part de nous-mêmes et que par conséquent, Ludovic est la manifestation extérieure de ma part masculine intérieure. Qu'ai-je donc à en conclure ? Où en est mon masculin et d'ailleurs, Ludovic est-il toujours représentatif de ce que je ressens en moi ? J'ai la sensation d'être en train de grandir et j'ignore encore la forme que je prendrai et les choix que je ferai. Nous changeons tous, mais si nos transformations nous entraînent sur des routes différentes, pourquoi nous obstinons-nous à rester ensemble ? Par peur de perdre, parce que notre Ego – encore lui – s'est identifié et attaché à un rôle ? Parce que nous sommes conditionnés par des millénaires de croyances religieuses ? Je prends une profonde respiration. Qui vivra verra. Si je dois connaître un jour les réponses à toutes ces questions, je les recevrai lorsque je serai prête.

Quinze heures

Ramon est ponctuel, mes affaires sont prêtes et je monte dans le pick-up. Le chamane me demande si j'ai mon passeport avec moi et je lui réponds par l'affirmative. Je ne reviendrai que demain et je ne suis nullement inquiète pour le reste de mes affaires que je laisse à la casa. Rien n'est vraiment important, rien n'est indispensable.

Nous arrivons au domicile de l'*uwishin* et je rencontre sous le patio Jim, l'américain qui nous accompagnera dans la *selva*. Jim me dit qu'il parle couramment l'espagnol et je trouve cela super pratique. Pour un américain, je me dis qu'il est sympa, il ne se la ramène pas et il est plutôt discret, limite coincé et un peu gauche. Ramon s'adresse à nous et se tourne vers Jim afin que celui-ci me traduise ce qu'il vient de dire. L'homme est déconfit, il n'a absolument rien compris et c'est donc moi qui lui traduis les paroles de l'*uwishin*. Ramon regarde le manège et s'en amuse, il continue à me parler et je continue à traduire :

– Ramon dit que nous allons changer de district et que nous aurons un contrôle d'identité. C'est pour cela que nous avons besoin de nos passeports. Il dit aussi que nous devrons payer vingt dollars aux gardes pour pouvoir passer d'un district à l'autre et notre passage sera noté dans un registre. Tu as bien ton passeport et vingt dollars pour payer les gardes ?

Aucune réaction de Jim. A-t-il compris ce que je viens de lui dire ? Bon, il est certes sympa, mais je me demande aussi dans quelle mesure il n'est pas aussi un peu empoté.

Ramon me demande de lui montrer mon passeport et mon argent. Jim semble alors s'éveiller et montre au chamane qu'il a, lui aussi, son passeport et son argent. Nous nous dirigeons ensuite vers la voiture et jetons sacs et bottes dans la benne. Ramon m'indique qu'il a pris un duvet pour moi et puis il m'attrape par le bras avant que je ne monte dans le pick-up :

– Tu sais pourquoi tu comprends tout ce que je dis alors que tu ne parles ni espagnol ni shuar ? me demande-t-il.

– Non, mais j'aimerais bien savoir.

En mettant sa main sur sa poitrine, le chamane me dit alors :

– C'est parce que tu écoutes avec ton Cœur. C'est pour ça aussi que tu es si rapide et que tu comprends même avant que je ne parle. C'est parce que ton Cœur est ouvert.

Alors que Jim s'apprête à monter à l'avant du véhicule, Ramon lui intime de me rejoindre à l'arrière, car nous allons encore chercher quelqu'un. Nous nous mettons en route et avant de quitter Guarida, nous nous arrêtons devant le domicile d'une femme. L'*uwishin* ne nous dit rien à son sujet et nous ne posons aucune question. La femme grimpe dans la voiture et pendant tout le trajet, le chamane et elle vont échanger en shuar. N'ayant pas été conviée à partager leur conversation, je ne cherche même pas à comprendre ce qu'ils se disent et je me laisse à nouveau bercer par les mouvements du véhicule et la chaleur du soleil.

Après avoir roulé quelque temps, Ramon arrête le pick-up et le gare à côté d'une barrière fermée et gardée par des militaires armés. L'un d'eux fait le tour de la voiture, nous regarde, regarde dans la benne et demande au conducteur les raisons de notre voyage. Le chamane explique notre démarche et le garde nous fait tous descendre du véhicule. Nous sommes dirigés vers un petit cabanon en bois dans lequel se trouvent un autre garde, une table et une chaise. Sur la table, un épais registre dans lequel Jim et moi devons inscrire nos noms et notre adresse. Après avoir vérifié l'exactitude des renseignements avec le contenu de nos passeports, nous devons signer le registre et payer vingt dollars. Seuls Jim et moi, Occidentaux, devons payer un droit de passage. Ramon et la femme ne présentent pas leurs passeports et ne paient rien. Nous sommes raccompagnés vers notre véhicule par deux gardes qui tiennent bien en vue leur arme. Je ne ressens aucune peur et me demande quand même pourquoi ils sont là. Je n'ai pas entendu dire que l'Équateur était un pays particulièrement dangereux et je me serais plutôt attendue à un tel accueil en Colombie. Comme quoi… Une fois remontés en voiture, Ramon démarre et je le questionne :

– Pourquoi donc y a-t-il des gardes aussi armés ? Il y a des soucis politiques dans le pays ?

– Non non, me répond-il. C'est pour protéger la nature parce que nous venons de pénétrer dans une réserve naturelle.

– Mais vous les Shuars, vous n'êtes pas contrôlés ?

– Non, poursuit l'*uwishin*. Nous les Shuars, nous avons le respect de notre Mère Nature.

Je n'insiste pas alors même que j'aurais beaucoup à dire sur le soi-disant respect des Shuars envers la *Pachamama*. Nous roulons encore un bon bout de temps et finalement Ramon gare la voiture en bord de route, au milieu de nulle part. Je reconnais que la nature que je vois est vierge de tous détritus et autres sacs plastiques. Quel contraste avec la petite ville de Guarida. Une fois hors du véhicule et agrippés à lui, Jim et moi nous mettons en maillot de bain et chaussons nos bottes. Ramon s'est mis en bermuda et la femme, qui semble toujours nous ignorer royalement, reste vêtue de son t-shirt et de son leggins. Nous cheminons ensuite sur une courte distance vers la première cascade. Le chamane nous offre à tous du jus de tabac ainsi qu'une feuille séchée que nous commençons à mâcher tandis qu'il appelle les Esprits, puis nous pénétrons dans l'eau froide. Cette fois, Ramon n'a pas besoin de me maintenir sous la cascade. J'y vais seule, bravement, et me prélasse ensuite sur un rocher plat, face au soleil. J'observe que l'américain est moins aguerri que je ne le suis et je fais intérieurement ma crâneuse comme si j'avais complètement occulté ma première fois qui remonte tout de même à quatre jours. Fin des festivités, le chamane nous appelle et nous allons entreprendre notre ascension dans la *selva*.

Vu que la nuit commence à s'installer, je me dis que bien évidemment nous allons rapidement arriver sur le lieu de notre campement. Eh bien non, ce serait trop facile. La pluie se met à tomber et la température chute elle aussi. Ce qu'il y a d'intéressant avec la pluie c'est que quand elle tombe, elle ne fait pas dans la demi-mesure et très rapidement, ce sont des trombes d'eau qui nous arrosent. Mais quel était donc l'intérêt de nous sécher après la cascade ? Il fait de plus en plus noir et seul Ramon a une lampe. Nous grimpons encore, le sol est boueux et je glisse à plusieurs reprises. Je suis directement derrière le chamane et tente de rythmer péniblement mon pas sur le sien. Je suis essoufflée, Jim est juste derrière moi et la femme ferme la marche.

Personne ne se plaint, mais je vous garantis que je commence à râler intérieurement en me disant que franchement, je serais mieux, là tout de suite, au coin d'un bon feu, au sec, ou alors dans un bain chaud parfumé ou encore au bord d'une plage ou carrément dans un désert de sable en plein cagnard. Mais voilà, quand on n'expérimente pas pleinement l'instant présent parce que nos pensées nous font voyager ailleurs, il se passe des choses pas très agréables. Le sol se dérobe une nouvelle fois sous mes pieds et je sens que je vais me prendre incessamment sous peu une magnifique gamelle. Pour limiter les dégâts et éviter que Jim ne prenne mon postérieur ou mes pieds en pleine face, je tends la main gauche pour me rattraper à je ne sais pas trop quoi, vu qu'il fait complètement noir maintenant. Une douleur fulgurante sur le dessus de la main me fait pousser un cri. Ramon se retourne et je lui tends mon bras qu'il éclaire de sa lampe.

– Ce n'est pas grave, me dit-il. Tu as simplement été mordue par une araignée.

Bon ben si l'*uwishin* dit que ce n'est pas grave… Nous poursuivons notre ascension, mais pour combien de temps encore ? Le campement existe-t-il vraiment et si oui, où est-il donc ? Ramon ne peut-il pas nous perdre ? Comment est-il aussi sûr de lui, de son chemin et du fait que la morsure de l'araignée ne soit pas grave ? Je sens que ma main est gonflée et toute endolorie, la douleur est toujours très vivace. Puis, alors que je ne l'attendais plus, le chamane nous annonce la bonne nouvelle : nous sommes arrivés au campement. Oui, mais quel campement ? Le lieu où nous nous sommes arrêtés n'a rien de particulier si ce n'est que le sol est enfin plat et tandis que Jim et moi nous demandons quoi faire, Ramon et la femme se mettent en quête de ramasser de larges feuilles de palmier. Nous allons vers le couple et demandons si nous pouvons aider, mais l'*uwishin* nous dit de nous installer. Mais où ? Alors même que Ramon était en train de nous répondre, la femme et lui terminaient la construction d'un abri de fortune : feuilles de palmier faisant office de toiture, feuilles de palmier faisant office de plancher et encore des feuilles de palmier pour cloisonner l'abri sur trois côtés. Nous commençons donc à nous installer, la femme, Jim et moi pendant que le chamane s'éloigne à nouveau sous la pluie.

– Je vais faire du feu, nous dit-il en s'éloignant.

Mais oui, c'est ça mon Ramon, trouves donc du bois sec dans cette forêt trempée et fais-nous une bonne flambée histoire de nous réchauffer. Je grelotte tout en déroulant mon duvet puis j'ôte mes bottes et mes vêtements avant de me glisser, en bikini, dans le sac de couchage. Je n'ai rien pris à manger et je commence à avoir faim. Jim m'aurait-il entendue ? Le voici qui me tend un biscuit sec qu'il a sorti de son sac à dos. Je bénis cet homme et mange doucement le biscuit afin d'en savourer chaque bouchée. Pendant ce temps, j'observe Ramon qui fait des allers-retours entre la forêt sombre et l'entrée de notre abri de fortune. Il casse quelques branches de palmiers et d'autres arbres et les amasse en un petit tas. Il prend un briquet et entreprend d'allumer le feu. J'ai vraiment très envie qu'il y arrive, mais je me dis en même temps que c'est peine perdue. Femme de peu de foi ! De petites flammes scintillent déjà et l'*uwishin* les nourrit délicatement en posant d'autres branchages sur le dessus de son tas. Alors là... Respect monsieur ! Je suis totalement admirative devant une telle prouesse. C'est sûr, il faut être Shuar pour réussir un tel exploit.

Nous sommes tous quatre silencieux tandis que Ramon prépare le jus de tabac et la très célèbre ayahuasca. Troisième expérience pour moi et j'ignore totalement ce que cela donnera puisque les deux premières fois se sont révélées totalement différentes. Le chamane vient faire sa distribution sous l'abri et retourne ensuite s'asseoir sous la pluie, à côté du feu qui semble bien déterminé à tenir le coup. La femme le rejoint, je les observe. Ramon parle à voix basse et la femme l'écoute puis je l'entends faire des incantations, on dirait qu'elle prie. L'*uwishin* la laisse et revient vers Jim et moi pour nous prodiguer un soin. Je me sens à la fois ici et ailleurs, centrée et partout. Je suis moi, je suis le feu qui brûle, je suis l'arbre trempé, je suis la grenouille qui appelle ses congénères, je suis la voix de la femme qui prie, je suis. Je m'allonge dans mon duvet et je m'endors.

Combien de temps ai-je dormi ? Il fait encore nuit noire, il pleut toujours autant, le bout de mon duvet qui dépasse de l'abri est trempé et par conséquent, mes pieds le sont aussi. Jim ronfle à côté de moi, Ramon et la femme sont toujours dehors, près du feu. Le chamane chante, parle encore à la femme et puis chante à nouveau. J'ai terriblement faim et j'ai mal au dos à cause des nervures des feuilles de palmier. Les moustiques sont nombreux et mon sang a l'air de les régaler, ils vont finir par se faire une indigestion. Ma main est toujours douloureuse, je la tâte dans le noir et j'ai l'impression qu'elle a doublée de volume. Tout mon bras gauche est comme paralysé et lorsque j'essaye le moindre mouvement, la douleur monte encore d'un cran.

Le lendemain matin

J'ai réussi à me rendormir un peu et je me réveille au petit jour, avant tout le monde. Décidément, c'est une manie. Un énorme insecte noir est à côté de moi, au niveau de ma tête, sur la feuille de palmier. Je l'observe et il semble que lui aussi m'observe. Il se fige lorsque je bouge et se déplace rapidement lorsque moi, je me fige. Je souris et joue à «Un, deux, trois... Soleil» avec lui.

Les autres se réveillent peu à peu et nous entamons la descente en silence. L'humidité est partout, le sol est gorgé d'eau et je glisse à nouveau. Par réflexe, je tends la main – toujours la gauche, allez savoir pourquoi – pour me retenir à un arbre. Après l'expérience d'hier, il est juste hors de question que je la mette au sol et là, je reçois une nouvelle et fabuleuse leçon de vie : ne pas faire confiance à un arbre de la forêt amazonienne après une nuit pluvieuse. Le pauvre arbre dont le tronc est épais, mais pourri casse net sous mon poids qui le précipite dans la descente tandis que je glisse sur les fesses et sur le genou gauche, ma jambe faisant un angle hallucinant avec le reste de mon corps. La chute de l'arbre et son poids accentuent ma glissade et je dévale la pente sur plusieurs mètres en réussissant, ô miracle, à ne prendre aucun obstacle en pleine figure d'autant que j'ignore comment, mais je finis ma course à plat ventre. Rien de grave si ce n'est l'effet de surprise et quelques écorchures de plus ainsi que de nouvelles douleurs qui s'ajoutent encore à celles que je trimbalais déjà. Le reste du groupe me rejoint et Ramon me tend la main pour m'aider à me relever :

– Ça va ? me demande-t-il.

– Oui, ça va. J'ai pris un peu d'avance sur vous dans la descente, j'ai mal partout, mais ça va.

Nous éclatons de rire.

Arrivés à la voiture, nous nous y installons et je me réjouis déjà en imaginant le super petit déjeuner que je vais m'offrir dès notre retour à Guarida. Réjouissance de courte durée, car Ramon gare le pick-up après seulement quelques minutes. Je demande à Jim ce qu'il se passe et tout fier d'avoir compris les paroles du chamane, il me dit que nous allons à une autre cascade. Je me sens vide de toute énergie et je traîne les pieds pour suivre le groupe qui semble plus en forme que je ne le suis. Je me dis que je suis venue pour me dépasser alors, c'est le moment de le faire et de jouer le jeu.

Pas de prise de tabac cette fois, un peu de répit, mais mon diaphragme se bloque à nouveau lorsque l'eau glacée chute sur mon dos. J'ai la sensation qu'elle me coupe la chair plus finement que ne le ferait la plus aiguisée des lames. Rien à voir avec le plaisir que j'ai ressenti hier et je ne profite absolument pas de la baignade sacrée. Une douleur sourde fait son apparition dans ma tête, elle se rajoute à toutes les autres, mon organisme est épuisé et j'ai l'impression que je manque d'oxygène. Je tente de ne pas lutter afin de trouver un peu d'apaisement, je tente de respirer normalement et d'avaler le plus d'air possible, je tente d'accepter ce qui est comme Ramon me l'a conseillé.

Après la cascade et avant même de rejoindre notre véhicule, j'aborde le chamane. Je lui dis que j'ai très mal à la tête et que mes jambes tremblent comme si je n'avais plus de force.

— C'est dû à la suroxygénation que l'énergie de l'eau froide a déversée sur toi et en toi, me répond-il.

Mon ressenti était donc juste, je manquais d'air et l'afflux soudain d'oxygène a provoqué un choc. Une sensation de déséquilibre pour rétablir l'équilibre, créer le chaos dans un soi-disant ordre établi pour se remettre en phase avec l'énergie de vie.

— Tu es très sensible, poursuit le chamane.

— Si *mucho sensible*, lui réponds-je.

Quel est donc le sens du mot sensible pour lui : réceptive, fragile, adaptable, réactive... ? Et pour moi, quel sens est-ce que moi je donne à ce mot ? Serais-je sensible parce que je refuse encore de me relier à mes racines, résistant toujours à l'expérience de l'incarnation ?

Sur le chemin du retour vers Guarida, les nuages se dissipent et la chaleur du soleil à travers les vitres me réchauffe un peu. Ramon conduit, Jim et moi sommes assis à l'arrière et sommeillons tous deux. Une fois en ville, nous passons déposer la femme à son domicile. Elle ne nous aura pas adressé la parole ni jeté le moindre regard durant toute la durée de notre séjour. Puis l'uwishin nous conduit directement à Dormición. Dès que nous entrons dans la forêt, Jim s'émerveille comme je l'avais fait lorsque j'avais découvert le lieu. Ramon lui dit que c'est là que je reste, seule, pour plusieurs semaines. L'Américain s'étonne que le lieu soit si isolé, si loin de la ville.

– Tu n'as pas peur de rester ici ? me questionne-t-il.

– Non. Je me sens plus en sécurité ici qu'en ville.

– Mais il y a les animaux sauvages et les Indiens ! Tu es une femme seule.

– Oui. J'avais remarqué que j'étais une femme et que j'étais seule, lui dis-je en souriant. Les Indiens sont plus sûrs que tous les autres humains que je connaise, quant aux animaux sauvages, s'ils ont vraiment faim, la forêt grouille de mets auxquels ils ont plus facilement et naturellement accès.

– OK, mais... continue Jim. Et si tu tombais malade ? Il n'y a pas de médecin ici, me fait-il remarquer.

Surprise par sa question, je lui réponds :

– Je n'ai pas besoin d'un médecin, j'ai un chamane, j'ai Ramon.

– Oui. OK, mais si tu es malade ? Je veux dire si tu chopes une infection ou que tu te casses une jambe ou quelque chose de plus grave encore.

Je le regarde et lui réponds exactement la même chose :
– Je n'ai pas besoin d'un médecin, j'ai un chamane.

Il me regarde, déçu. Je poursuis alors :
– Je suis malade Jim et c'est plutôt sérieux, tu vois. Les médecins ne peuvent rien pour moi, c'est pour ça que je suis venue voir Ramon. Si lui ne peut pas m'aider, alors personne d'autre ne le peut.

L'Américain est maintenant bouche bée, ses yeux sont écarquillés. Je poursuis :
– Crois-tu que le chamane est uniquement bon à te faire prendre des plantes psychotropes pour que tu fasses des trips ? Crois-tu que la spiritualité est à ce point séparée de ton quotidien ? Si tu ne comprends pas que tout est relié, pourquoi viens-tu voir un chamane ?

Alors que j'ai l'impression de perdre Jim, il se secoue comme pour se réveiller et me demande encore :
– Mais... Tu n'as pas peur ?
– J'ai tout quitté pour venir ici Jim. Je n'ai plus rien en France. Soit je m'en sors, soit je ne m'en sors pas alors oui, j'ai peur, parfois. Mais que je m'en sorte ou pas, à quoi ça me sert d'avoir peur ? Je préfère choisir que tout est expérience et je sais que le comportement que j'aurai face aux situations déterminera l'impact de celles-ci sur moi. Il y a des jours où c'est facile, il y a des jours où ça l'est moins. J'apprends à accepter ce qui est, j'apprends à lâcher mes résistances, mes luttes, mes combats.

J'apprends à abandonner, à lâcher prise. J'apprends à faire confiance et j'ai encore du boulot, crois-moi.

Mes paroles ont créé un sillon dans le cerveau de mon compagnon de voyage. Le chamane n'a rien perdu de notre conversation et il me regarde dans le rétroviseur en souriant. S'il n'a pas compris mes paroles, il a ressenti l'énergie qui émanait de moi.

– As-tu déjà entendu parler d'Amma ? demandé-je à Jim.

– Non. Qui est-ce ?

– C'est une femme indienne, une Indienne d'Inde, précisé-je. Elle donne le *Darshan* un peu partout dans le monde. Quand tu seras rentré chez toi, va voir sur internet, tu auras toutes les infos que tu souhaites à son sujet. Si je te parle d'elle, c'est parce qu'elle a dit une phrase que je trouve essentielle : «La véritable spiritualité consiste à vivre dans ce monde.» Combien d'entre nous comprennent le sens de cette phrase ?

Pour toute réponse, Jim sort un calepin et un bic de son sac à dos et me les tend :

– Tu veux bien m'écrire son nom et le truc qu'elle donne ?

– Le *Darshan*, c'est comme un *hug*, une étreinte, lui dis-je en notant les mots dans son carnet.

Lorsque je lui rends, il les lit. Je sais qu'il ira voir sur le net. Jim en est au tout début il me semble, mais contrairement à Patricia, la Française, je sens qu'il cherche à aller plus loin, à changer sa vision peut-être. Je me dis alors qu'il nous reste un si long chemin à parcourir, tous autant que nous sommes. La conscience humaine commence à peine à s'éveiller.

Une fois à la *casa*, Ramon fait visiter le lieu à l'Américain. Je me sens heureuse d'être enfin rentrée chez moi et je vais cueillir une petite banane que mon estomac accueille ensuite avec une réelle satisfaction. La visite terminée, mes compagnons me quittent et l'*uwishin* m'annonce qu'il reviendra plus tard avec une autre médecine. Encore. La guérison est en chemin, mais comme je le disais à Jim dans le pick-up, j'ai encore tant de résistances à lâcher. Comme pour valider ma réflexion, des douleurs inflammatoires se manifestent un peu partout en moi. Lâcher prise oui, mais comment ?

Dix-sept heures
Après un repas frugal et une bonne sieste dans le hamac, allez savoir pourquoi je prends conscience qu'aujourd'hui, c'est le quatorze février. Et le quatorze février, qu'est-ce que nous célébrons en Europe ? La Saint Valentin pardi ! Vieux réflexe, je me dis qu'il faut que j'appelle Ludovic pour lui souhaiter. Non, mais sérieux, vous vous imaginez le tableau ? Je suis seule en forêt amazonienne, à plusieurs milliers de kilomètres de chez moi, je sais depuis plusieurs années que ma relation amoureuse ne me convient plus, je comprends qu'il est pour moi indispensable d'y mettre un terme définitif et la première chose à laquelle je pense en ce quatorze février est de téléphoner à un homme avec lequel je veux rompre et duquel j'ai déjà

divorcé, pour lui souhaiter... Lui souhaiter quoi en fait ? Bonne fête mon chéri ? Super ! Magnifique ! À croire que je n'ai rien compris ou plutôt rien intégré. Quoi qu'il en soit me voilà toute chamboulée, coincée ici à Dormición sans aucune possibilité de me rendre à Guarida pour passer un coup de fil. Et quand je pense que justement, j'ai passé tout ce temps sans me soucier aucunement de la date du jour et encore moins de Ludovic. Comment vais-je trouver la force de passer à l'acte pour le quitter une bonne fois pour toutes ? J'ai la sensation que je ne suis pas encore arrivée au bout du processus, que tout n'est pas encore abouti. J'ai besoin d'aller jusqu'au bout pour être certaine de ne pas répéter l'expérience. Mais c'est quoi aller jusqu'au bout ? Comment cela peut-il se manifester ? Quoi qu'il en soit, avant de passer à l'acte concrètement pour le quitter, me voici bloquée ici et comme à chaque fois que mon Ego se retrouve pris en otage par le monde extérieur et qu'il ne peut satisfaire son désir immédiat, le sentiment de la frustration s'installe en moi et l'émotion de la colère le suit aussitôt. Bon OK, maintenant que j'ai conscience de cela, comment je fais pour le gérer ?

Habituellement, lorsque je ressens de la frustration, je me réfugie dans l'alimentation – de préférence à tendance très sucrée – pour tenter de calmer la colère qui monte en moi et puis, je me culpabilise d'avoir trop mangé, car ce n'est pas mon corps que j'ai nourri, mais bien l'énergie de la colère. Du coup, celle-ci enfle encore et si je ne la libère pas, je continue à manger dans l'intention bien inutile de la contenir. Le cercle vicieux est installé. Je sais parfaitement que l'émotion de la colère est une émotion qui nous stimule à agir, à passer à l'acte, à sortir de l'inertie, mais trop de colère et voilà que l'on dépasse les bornes et que l'on sombre dans l'excès inverse.

– Exprime tes émotions lorsqu'elles sont là, m'a dit le chamane.

OK. Et là, tout de suite, je fais comment ? Sous la puissance de la colère qui gronde en moi, mon mental est maintenant en ébullition et commence à créer des scénarios loufoques qui vont, à coup sûr, alimenter plus encore ma colère. Ça tombe bien, il n'y a rien à manger ici et il faut bien que je nourrisse la bête si je veux la pousser à bout, la pousser à sortir de sa tanière et en être ainsi débarrassée. Je tourne en rond sur le terrain comme un fauve dans sa cage. Je me dis que tout ce que je vis ici ne sert absolument à rien, que je suis dans une nouvelle illusion, que de toute façon l'expérience de l'incarnation c'est une vaste connerie et puis je n'y arriverai pas, je n'aurai pas la force d'aller jusqu'au bout et d'ailleurs à quoi ça me servirait d'aller jusqu'au bout ? J'espère quoi ? Être heureuse et libre ? N'importe quoi ! Mais qu'est-ce qui m'a pris de venir ici ? Qu'est-ce que je fuis ? Qu'est-ce que je cherche ? L'absolu ? Mais l'absolu, c'est quoi ? Je me dis que je me lasse vite, que je change d'avis aussi rapidement qu'une girouette sous l'emprise des vents, je me dis que ce serait bien si j'arrivais un jour à me poser, à vivre, à être, tout simplement. Pourquoi suis-je si exigeante avec moi-même ?

La nuit est tombée et Ramon n'est toujours pas venu m'apporter la nouvelle médecine. Mon mental, en mode hyperactif puissance cent mille volts, m'empêche de me détendre et de m'endormir. Je me dis que demain, j'appellerai Ludovic et je me fiche complètement des conséquences. Ce que je veux, c'est calmer ma colère qui n'est toujours pas sortie. Oui, mais en la calmant de cette façon, ce n'est pas qu'à moi que je manquerai de respect, c'est à lui aussi. Et alors ? Je m'en moque, c'est comme ça, un point c'est tout ! Mon Ego blessé grossit encore sous l'effet de l'émotion que je n'arrive toujours pas à exprimer. Tout mon corps est douloureux et je ressens les effets des massages des deux chamanes, père et fils. Ils ont ramené la vie dans ma forme incarnée et je prends pleinement conscience de l'état lamentable dans lequel je suis. Je comprends que Ramon m'ait dit le premier jour que j'étais déjà presque morte. Mon corps a besoin de douceur et de confort, j'entends son appel et je me mets à l'écouter encore plus attentivement. Ma colère semble vouloir s'apaiser, mais par quel miracle ?

D'aussi loin que je me souvienne, je n'ai jamais été OK avec mon corps physique, je déteste l'image que me renvoient les miroirs, je déteste mes formes, je déteste toutes les manifestations qui me rappellent qu'il existe : la sueur, la douleur, les fluides corporels, quels qu'ils soient. Je me remémore alors les paroles de l'*uwishin* qui m'expliquait que je m'étais incarnée avec une énergie vitale plutôt basse, déjà affaiblie. Dans l'univers tout tend vers l'équilibre et lorsqu'une faculté est minoritaire ou absente, tout être vivant en développe inconsciemment et naturellement une autre afin de compenser. Donc, pour compenser, je me suis également incarnée avec un Ego fort et un mental surpuissant. Normalement l'Ego, aussi fort est-il, et le mental, aussi puissant soit-il, sont au service du corps qui est lui, l'expression de l'Âme. Ramon avait poursuivi en me disant que l'expérience de la matière demande beaucoup de force, car l'énergie de la matière est plus lente et plus lourde, son taux vibratoire étant plus bas.

– Le fait que tu sois née avec peu d'énergie spirituelle montre que tu ne voulais pas t'incarner.

– Ben alors, pourquoi je suis revenue ? lui avais-je demandé, presque bêtement.

– Quand on revient, c'est que l'on n'a pas fini ce que l'on avait à faire, m'avait-il répondu avec un petit sourire. Mais tu as d'autres capacités pour compenser. Tu es donc venue avec peu d'énergie spirituelle, mais son taux vibratoire est très élevé et ce taux est si élevé que tu n'habites pas pleinement ton corps. Tu es donc en décalage avec ton incarnation.

– Et il se manifeste comment ce décalage ?

– Toute personne qui vit cette expérience ne s'intéresse pas à l'argent, au fait de posséder des choses, elle aime être seule. Si c'est une femme, elle ne veut pas avoir d'enfant et elle a d'ailleurs du mal à exprimer sa créativité, elle ne veut pas laisser la moindre trace d'elle dans ce monde. En fait, c'est comme si elle flottait au-dessus de cette réalité. Ça te parle ? m'avait-il alors demandé.

Pour toute réponse, je lui avais souri et je m'étais souvenue d'une période de ma vie au cours de laquelle j'étais devenue obèse. Je me souviens que j'hallucinais, car lorsque j'allais au marché et que j'attendais mon tour dans la file pour me faire servir, les marchands servaient la personne devant moi et tout de suite après, la personne derrière moi. J'étais transparente, invisible et pourtant je pesais quatre-vingt-dix kilos !

Les explications de Ramon m'avaient amenée à lui poser une nouvelle question :

– Ramon, y a-t-il selon toi une différence entre un chamane et un médium ?

– Bien sûr, m'avait-il répondu. Ce que tu appelles médium, ce sont de jeunes Âmes qui n'ont que peu de connaissances de l'incarnation. Les chamanes, eux, sont très bien connectés à la terre, ce sont de vieilles Âmes qui reviennent encore vivre une nouvelle expérience. Les chamanes sont aussi très bien connectés au ciel parce que justement, ils sont bien connectés à la terre. C'est comme un arbre, s'il n'a pas de bonnes racines, ses branches ne peuvent pas pousser vers le haut pour récupérer les énergies du ciel. Il n'aura pas la force de le faire. Les médiums ont accès en haut et les chamanes ont accès en bas et en haut. Un médium n'est jamais un chamane, mais un chamane est toujours un médium.

L'*uwishin* avait doucement ri.

– Et toi, avait-il continué, tu as peu d'énergie spirituelle, mais son taux vibratoire est haut et puis tu captes tout avant même que les gens le pensent en conscience.

– Je suis donc médium.

J'avais prononcé la phrase comme une affirmation. Ramon m'avait regardée :

– Et si tu étais chamane ?

– Je n'ai pas de racines, Ramon et je n'ai aucune envie de rester dans cette expérience.

– Non non non, avait-il poursuivi avec une certaine tendresse. Tu as des racines, tu es une vieille Âme, mais ton problème, c'est que tu refuses encore de t'incarner et de vivre l'expérience. Ton Ego est vraiment très très fort et ça, cela veut dire que ton pouvoir spirituel est très très puissant. Mais tant que tu refuses l'expérience de la matière, tu ne peux pas exprimer ta puissance.

– Tu veux dire que je porte en moi non pas le désir de mourir, mais le désir de ne pas vivre ?

– Oh ! Comme c'est joliment dit, s'était exclamé l'*uwishin*.

– Et en même temps, avais-je continué, mon Ego et mon mental sont très attachés à la matière, à ce qu'ils peuvent voir, sentir, quantifier et eux, ils ne veulent surtout pas mourir. C'est pour cela qu'ils tentent de garder le contrôle et c'est pour cela qu'ils essayent de me couper de mes connexions. Ils essayent de me faire croire que je n'ai pas de racines et me font douter de ce que je perçois des gens et des situations.

— Bravo, s'était exclamé Ramon gaiement. Tu as tout compris.

Encouragée par le petit chamane, j'avais poursuivi, à voix haute :

— Il y a donc en moi un conflit intérieur permanent entre ne pas vivre et ne pas mourir. Cette indécision, cette hésitation, cette impossibilité à choisir, ce tiraillement entre ces deux extrêmes provoquent les déséquilibres et les déséquilibres engendrent un stress permanent, ce même stress qui est à l'origine de ma maladie.

— Et tu as de la chance de n'avoir que ça comme maladie.

— Même si je n'en ai qu'une, avais-je dit à l'*uwishin*, elle a le mérite de bien préoccuper le chamane qui m'accompagne. Non ?

Ramon avait compris mon trait d'humour et nous avions ri tous les deux.

Complètement de retour dans mon lit que je n'avais quitté qu'en pensées, je me questionne alors : comment faire de mon état une force, comment choisir entre la vie et la mort ? Suis-je bête me dis-je à moi-même, c'est comme pour le Yin et le Yang, il n'y a pas à choisir entre l'un ou l'autre puisque les deux font partie de l'expérience et sont indissociables. Ce serait super sympa d'assumer enfin que je suis une vraie gourmande. Allez, je prends les deux.

Le souvenir de mes échanges avec Ramon m'a redonné du baume au Cœur. Le petit homme fait de son mieux pour me recharger en énergie spirituelle et réparer ma matière, le véhicule qui me permet d'expérimenter l'incarnation. Bien entendu, si je refuse déjà de m'incarner, comment en aurais-je plus envie si mon corps n'est plus qu'une vieille guimbarde rouillée et en mauvais état ? Et si la connexion entre l'Âme éthérée et sa manifestation physique était à nouveau au beau fixe, l'Ego et le mental/émotionnel reprendraient-ils leurs places originelles au service de l'Âme ? Peut-être alors que l'énergie spirituelle pourrait à nouveau s'écouler librement en moi et à travers moi ? Peut-être alors que je serai capable d'agir pour créer, dans la matière ? Peut-être alors que l'équilibre et la stabilité que je recherche tant se manifesteraient à nouveau, naturellement ? Je me prends à rêver éveillée à ce que serait ma vie.

Vivre et mourir, mourir et vivre. Le désir de vivre est celui qui est rattaché à la matière, à la Mère. Le désir de mourir est celui qui est rattaché au ciel, au Père. Et si c'était l'inverse ? Et si l'expérience de la vie incarnée était en fait une expérience de mort ? Quoi qu'il en soit, il me suffit de voir les relations que j'ai avec mes parents biologiques pour comprendre que je ne désire ni l'un ni l'autre. La mère ne m'a apporté que du stress et du chantage, le père a voulu ma mort. Je ne suis pas dans la merde ! Me revient alors une conversation que j'avais totalement oubliée et que j'avais entendue entre Teo et Jim, avant que nous partions dans la *selva*. Teo expliquait à l'Américain qui le questionnait sur la *maikiua* – le nom shuar donné au datura – que cette plante maîtresse était préconisée pour traiter les patients qui avaient un problème d'estime d'eux-mêmes et qui s'étaient sentis dominés par l'un des deux parents, voire par les deux. Eh oui, cela me parle aussi.

– Accepte Maria, accepte.

La voix de Ramon trotte dans ma tête et j'ai envie de lui crier :

– Je veux bien accepter, Ramon, MAIS COMMENT JE FAIS ? Comment puis-je dépasser, transcender tout ce qui m'a blessée ?

Je commence à sombrer dans le sommeil en imaginant mon prochain voyage. J'aimerais aller en Sibérie, me rapprocher de mes origines, de mes racines, à la rencontre d'un autre chamane. La Sibérie, juste la terre et le ciel. Le calme. Le silence.

SI VOUS SOUHAITEZ POURSUIVRE L'AVENTURE,
REJOIGNEZ MARIA DANS LE TOME 2

Récit autobiographique

Je ne sais pas, je suis mon cœur

Collection Amours interdites

Léa et Éric – Initiation

Amélie et Kurt – Résilience

Chick lit

Les aventures sensuelles de Charlotte, remonte ta culotte !

Recueil de nouvelles

Américaines

Nouvelles à l'unité

Tamsin

Alice

La chapka et le vélo

Non fiction

Souffle et chakras, 21 exercices pour se reconnecter au Soi et purifier son bagage karmique

Découvrez l'auteure sur :

www. marushka-tziroulnikoff.com

Découvrez la chamane et coach holistique de vie sur :

www.wynn-sigel.com